妖怪は今でもいる!?
もしものときの
妖怪
たいさくマニュアル
山にあらわれる妖怪

山《やま》は妖怪《ようかい》たちの楽園《らくえん》

山《やま》というのは不思議《ふしぎ》な場所《ばしょ》だ。

夏《なつ》には、ハイキングやキャンプが楽《たの》しいし、冬《ふゆ》にはスキーやスノーボードで遊《あそ》ぶことが出来《でき》る。とくに、天気《てんき》のいい日《ひ》の山歩《やまある》きは、とても気持《きも》ちがいいものだ。

でも――。

日《ひ》が落《お》ちてからの山《やま》は、とたんにおそろしい場所《ばしょ》になる。

高《たか》くそびえた木々《きぎ》で月明《つきあ》かりもさえぎられ、鼻《はな》をつままれても分《わ》からないほどの暗闇《くらやみ》に包《つつ》まれてしまう。

そんな闇《やみ》にまぎれて出没《しゅつぼつ》するのが、山《やま》の妖怪《ようかい》たちなんだ。

昼間《ひるま》はどこかに姿《すがた》をかくしているから、めったなことでは出《で》てこないけれど、夜《よる》になると山《やま》へやってきた人間《にんげん》にちょっかいを出《だ》すんだよ。

そもそも山《やま》は、太古《たいこ》の昔《むかし》から、目《め》に見《み》えないなにかがすみついているといわれてきた。

それは山《やま》の神《かみ》さまや精霊《せいれい》だったり、山《やま》に集《あつ》まる死者《ししゃ》の霊《れい》だったり……。

山《やま》の中《なか》に神社《じんじゃ》や寺《てら》があるのは、山《やま》に宿《やど》る神《かみ》さまを祀《まつ》り、死者《ししゃ》の霊《れい》を供養《くよう》するためなんだ。

妖怪《ようかい》もまた、目《め》に見《み》えないなにかの一種《いっしゅ》。

かくれるところがたくさんある山《やま》は、妖怪《ようかい》にとっては、住《す》みごこちのいい楽園《らくえん》といえるかもしれない。

そして現代《げんだい》でも、たまにではあるけれど、妖怪《ようかい》たちは目《め》に見《み》える形《かたち》で人間《にんげん》の前《まえ》にあらわれているんだ。

この本《ほん》では、そんな山《やま》に出没《しゅつぼつ》する妖怪《ようかい》に出会《であ》った人《ひと》の話《はなし》を集《あつ》めてみたよ。

山《やま》で妖怪《ようかい》に出会《であ》ってしまったとき、いったいどうすればいいのか……。

答《こた》えは、この本《ほん》を読《よ》めばきっと分《わ》かるはずだ！

妖怪探訪家　村上健司

もくじ

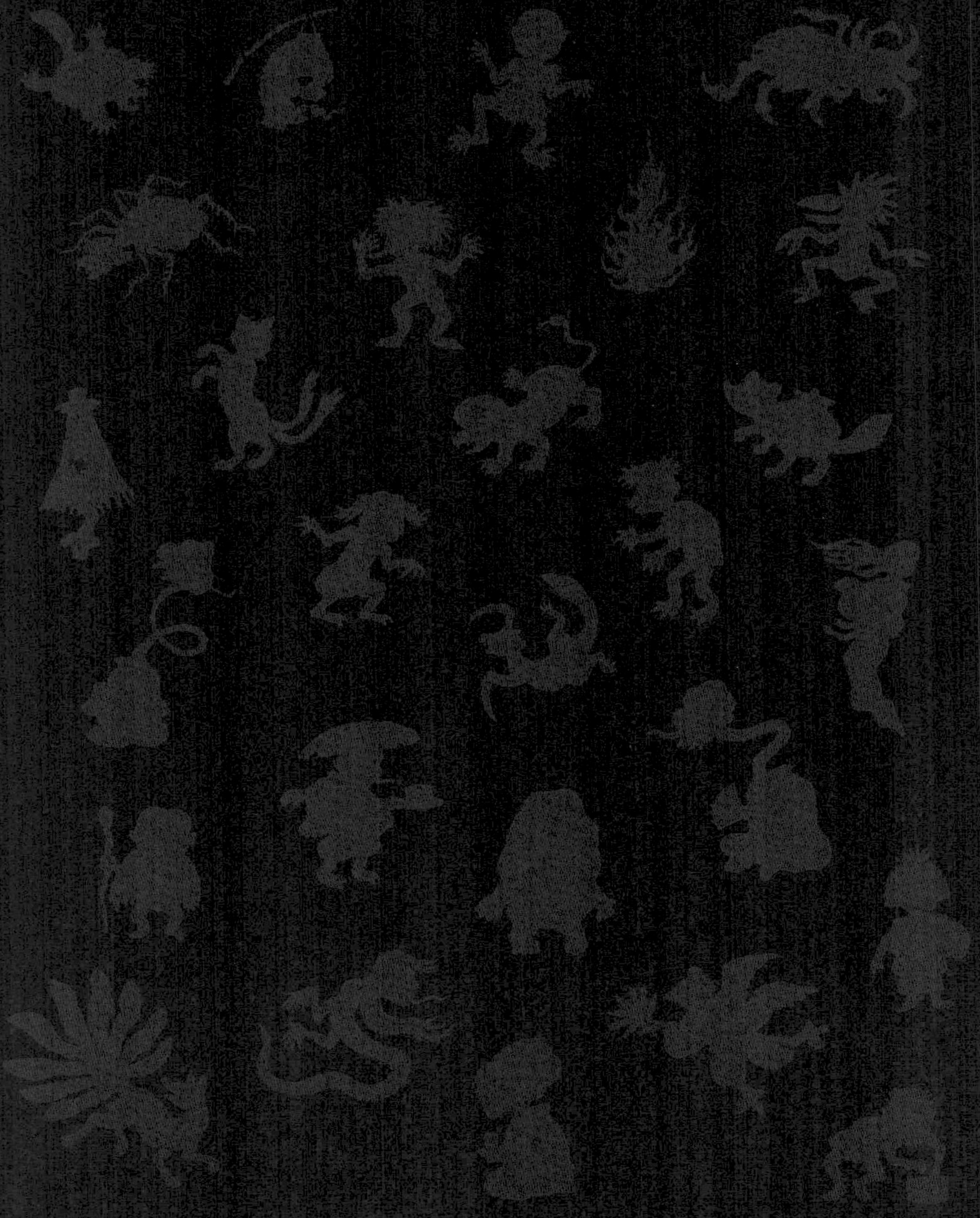

天狗《てんぐ》

赤《あか》い顔《かお》に高《たか》い鼻《はな》、背中《せなか》には羽根《はね》があり、空《そら》を飛《と》んだり、姿《すがた》を消《け》したりは朝飯前《あさめしまえ》――。そんな山《やま》の妖怪《ようかい》の代表《だいひょう》・天狗《てんぐ》は、山《やま》をよごす人《ひと》が大《だい》きらい！

天狗《てんぐ》

ケース1　中部《ちゅうぶ》地方《ちほう》に住《す》むIさんの体験談《たいけんだん》

今《いま》から二十年前《にじゅうねんまえ》、Iさんという男性《だんせい》が、高校生《こうこうせい》のころに体験《たいけん》した話《はなし》だよ。

ある年《とし》の秋《あき》、Iさんは、友《とも》だちとキャンプをしに、G県《けん》のとある山《やま》へ行《い》ったという。

平日《へいじつ》ということもあり、キャンプ場《じょう》の利用者《りようしゃ》は、Iさんたちのグループだけ。

思《おも》わぬ貸《か》し切《き》り状態《じょうたい》に、まわりに気《き》をつかうこともなく、Iさんたちは夜中《よなか》までさわいでいた。

やがてポツポツと雨《あめ》が降《ふ》ってきたので、そろそろ寝《ね》ようということに。

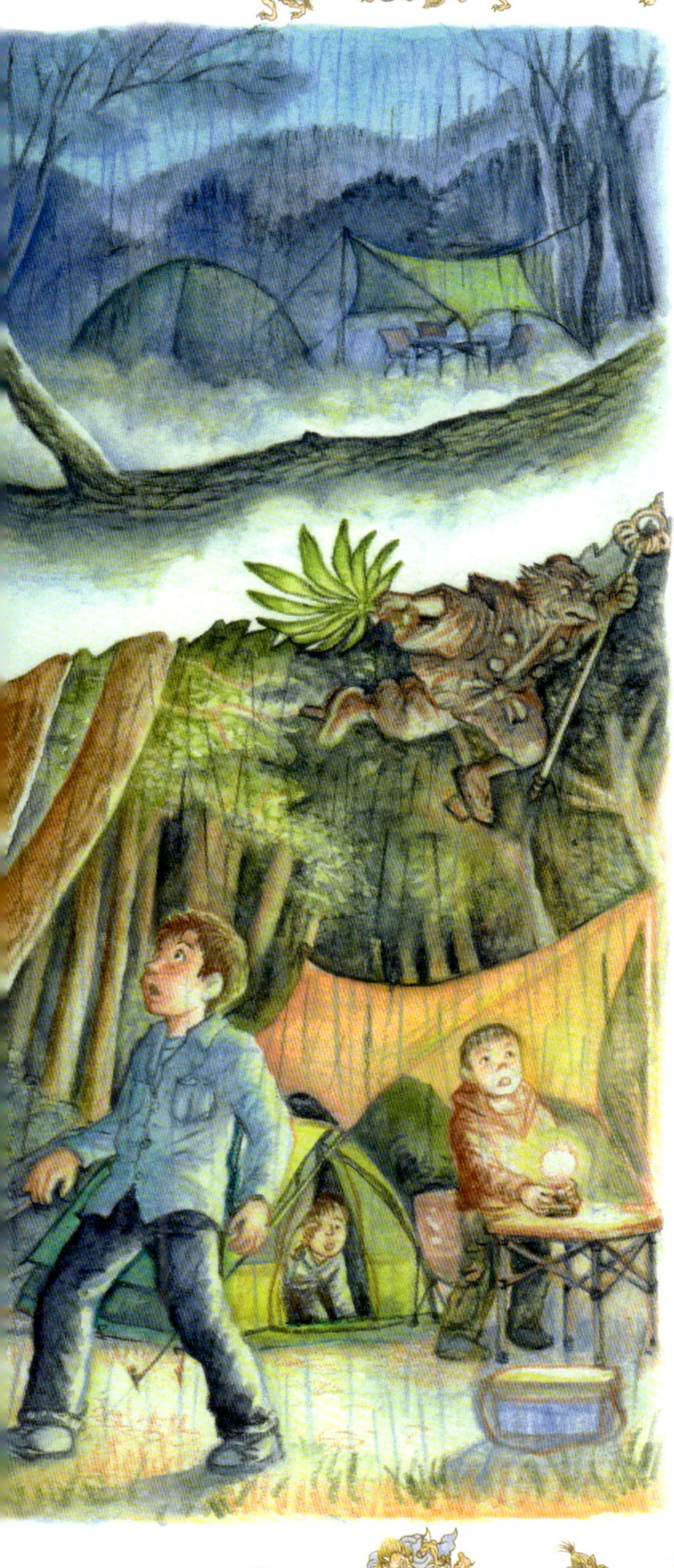

それから何時間《なんじかん》たったのか、Ｉさんは、おかしな声《こえ》で目《め》を覚《さ》ました。

ボソボソボソ、ハハハ……。

それは、雨音《あまおと》にまじって聞《き》こえる、男《おとこ》たちの話《はな》し声《ごえ》。

ほかの泊《と》まり客《きゃく》の声《こえ》かと思《おも》ったけれど、そもそも、Ｉさんたち以外《いがい》に客《きゃく》なんていないはず。

それでも、声《こえ》は近《ちか》くから聞《き》こえる。

目《め》を覚《さ》ましたほかの友《とも》だちと、

「ここのキャンプ場《じょう》、貸《か》し切《き》り状態《じょうたい》だったよな？」

「ほかの客《きゃく》がやってきたとか。こんな夜中《よなか》だけど……」

なんて、ヒソヒソと話《はな》しをしていると、とつぜん、ドドドという地《ち》ひびきとともに、ドーンという大《おお》きな音《おと》！

あわててテントから出《で》たけれど、倒木《とうぼく》や土砂《どしゃ》くずれがあったわけでもなく、ただ雨《あめ》が降《ふ》っているだけで、もう声《こえ》も聞《き》こえなかった。

数年後《すうねんご》、Iさんは、自分《じぶん》が体験《たいけん》したのと同《おな》じような話《はなし》が、妖怪《ようかい》の本《ほん》に書《か》かれているのを見《み》つけた。

それは、天狗《てんぐ》のイタズラで、〝天狗倒《てんぐだお》し〟とよばれる現象《げんしょう》だった。

それ以来《いらい》、キャンプ場《じょう》での体験《たいけん》は天狗倒《てんぐだお》しだったと、Iさんは信《しん》じているそうだ。

天狗《てんぐ》ってどんな妖怪《ようかい》？

山《やま》の妖怪《ようかい》といえば、その代表《だいひょう》は天狗《てんぐ》になるだろう。全国《ぜんこく》の山々《やまやま》にすみつき、山《やま》に入《はい》る人《ひと》や、ふもとの村人《むらびと》たちからこわがられてきたんだよ。

天狗《てんぐ》は、大《おお》きく分《わ》けると二種類《にしゅるい》いて、赤《あか》い顔《かお》に長《なが》い鼻《はな》を持《も》った天狗《てんぐ》と、鳶《とび》のような顔《かお》をした烏天狗《からすてんぐ》がいる。どちらも背中《せなか》には羽根《はね》があり、修験道《しゅげんどう》の修《しゅ》行者《ぎょうしゃ》のようなかっこうをしているんだ。

武芸《ぶげい》や妖術《ようじゅつ》がとくいで、気《き》に入《い》った人間《にんげん》には、そうした芸《げい》や術《じゅつ》を教《おし》えてくれるけれど、気《き》にくわない人間《にんげん》が山《やま》にやってくると、いろいろなイタズラをしかけて、追《お》い出《だ》そうとする。

たとえば、Ｉさんが体験《たいけん》した天狗倒《てんぐだお》し。木《き》が倒《たお》れる音《おと》がするのに、じっさいには木《き》なんて倒《たお》れていないんだ。それから、天狗《てんぐ》つぶてといって、姿《すがた》を消《け》した天狗《てんぐ》が、小石《こいし》を人間《にんげん》に投《な》げつけることもある。ときには大《おお》きな石《いし》を降《ふ》らせるから、おそろしいよ。

もしもにそなえて覚《おぼ》えておこう！

妖怪《ようかい》データと対策《たいさく》

天狗《てんぐ》

出没度《しゅつぼつど》	40
出没地域《しゅつぼつちいき》の広《ひろ》さ	50
姿《すがた》の見《み》えやすさ	40
攻撃性《こうげきせい》	40
友好度《ゆうこうど》	40
対策難易度《たいさくなんいど》	50

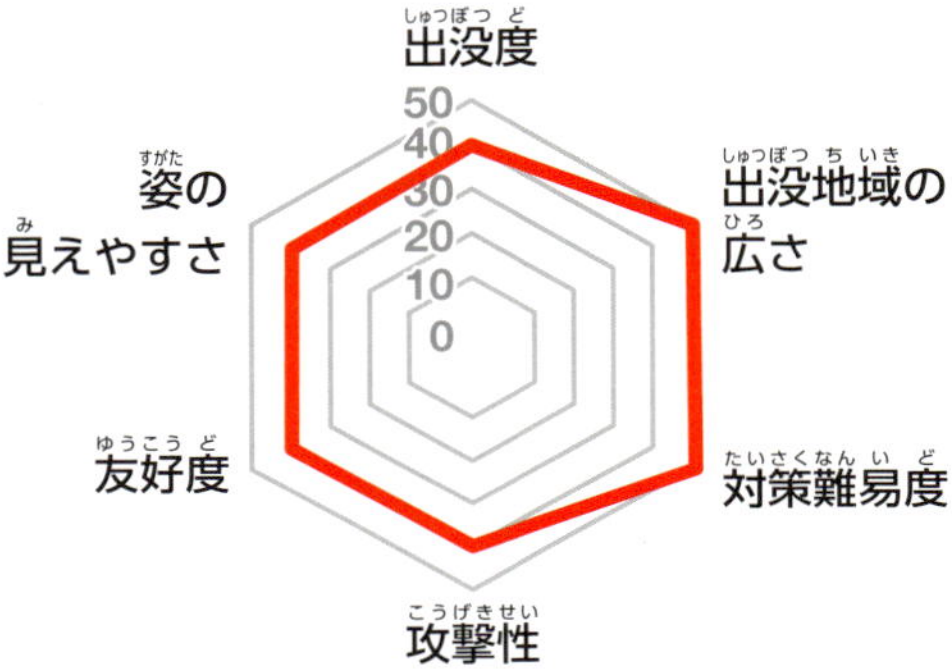

特徴《とくちょう》

別名《べつめい》　テンゴ（長野県《ながのけん》、神奈川県《かながわけん》、埼玉県《さいたまけん》）、グヒン（愛知県《あいちけん》、岡山県《おかやまけん》、香川県《かがわけん》）、山《やま》の神《かみ》（群馬県《ぐんまけん》）、空神《そらかみ》（奈良県《ならけん》）などがあるよ。

姿《すがた》の特徴《とくちょう》　赤《あか》い顔《かお》に高《たか》い鼻《はな》、足《あし》には一本歯《いっぽんば》のゲタをはき、背中《せなか》には羽根《はね》。修験道《しゅげんどう》の修行者《しゅぎょうしゃ》のような着《き》物《もの》を着《き》ている。烏天狗《からすてんぐ》は、鳶《とび》の顔《かお》をしている。

ふるまい　山《やま》の中《なか》で、いろいろなイタズラをして人《ひと》をおどろかしたり、人《ひと》をさらって召《め》し使《つか》いにしたりする。ときには人《ひと》の命《いのち》をうばうこともある。

出没《しゅつほつ》場所《ばしょ》・時間《じかん》

出没地域《しゅつぼつちいき》　沖縄県《おきなわけん》をのぞく全《ぜん》国《こく》の山《やま》にあらわれる。
出没場所《しゅつぼつばしょ》　山《やま》や森《もり》。自由《じゆう》に飛《と》べる羽根《はね》で、水辺《みずべ》や町中《まちなか》へ出《で》かけることも。
出没時間《しゅつぼつじかん》　昼《ひる》も夜《よる》も関係《かんけい》なく出没《しゅつぼつ》。

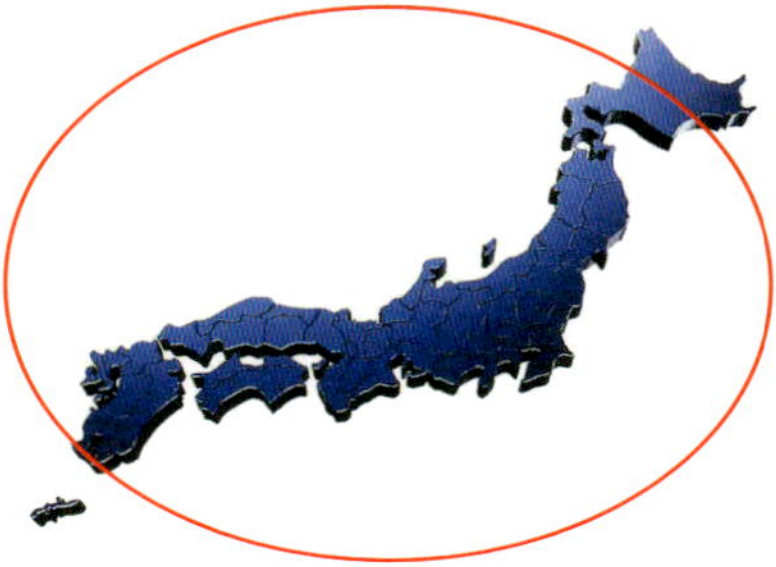

対策《たいさく》はこれだ!!

◎おそわれないようにするには　天狗《てんぐ》におそわれる人《ひと》は、しらない間《あいだ》に、天狗《てんぐ》のきげんをそこねてしまった場合《ばあい》が多《おお》いようだ。

天狗《てんぐ》はなわばりの山《やま》をよごす人間《にんげん》が大《だい》きらいなので、こらしめようとして、ヒドイことをするらしい。

だから、むやみに木《き》や草《くさ》を折《お》ったり、ゴミを捨《す》てたりしなければ、天狗《てんぐ》にねらわれる可能性《かのうせい》が低《ひく》くなるんだ。

Iさんが音《おと》でびっくりさせられたのも、夜中《よなか》まで大《だい》さわぎして、天狗《てんぐ》を怒《おこ》らせたせいかもしれないね。

有効《ゆうこう》なアイテム

お酒《さけ》　天狗《てんぐ》を怒《おこ》らせるようなことをしたら、天狗《てんぐ》を祀《まつ》った祠《ほこら》や、山《やま》の中《なか》の大《おお》きな岩《いわ》にお酒《さけ》をそなえてあやまれば、ゆるしてもらえるかもよ。

天狗《てんぐ》は山《やま》の神《かみ》さまだった？

天狗《てんぐ》は、もともと目《め》には見《み》えない、山《やま》の精霊《せいれい》だったといわれている。

山《やま》の精霊《せいれい》は、山《やま》の神《かみ》さまといってもまちがいではなくて、その山《やま》を支配《しはい》する不思議《ふしぎ》な力《ちから》を持《も》ち、気《き》にくわない人間《にんげん》には、悪《わる》さを働《はたら》くことがあった。

それを、山《やま》を聖地《せいち》とする修験道《しゅげんどう》という宗教《しゅうきょう》が、山《やま》と修《しゅ》行者《ぎょうしゃ》の守《まも》り神《がみ》としてまつることで、山《やま》の精霊《せいれい》は天狗《てんぐ》という名《な》の神《かみ》さまになったんだよ。

天狗《てんぐ》が修験道《しゅげんどう》の修行者《しゅぎょうしゃ》のような姿《すがた》をしているのは、こういう事情《じじょう》があったからなんだ。

神《かみ》さまとはいっても、もとは山《やま》の精霊《せいれい》だから、妖怪《ようかい》っぽい性質《せいしつ》が残《のこ》っているんだね！

京都《きょうと》の鞍馬山《くらまやま》や、東京《とうきょう》の高尾山《たかおさん》など、修験道《しゅげんどう》の聖地《せいち》とされた霊山《れいざん》には、目《め》には見《み》えないけれど、今《いま》も天狗《てんぐ》がいると信《しん》じられている。

東京都《とうきょうと》八王子市《はちおうじし》にある高尾《たかお》山《さん》。その山頂近《さんちょうちか》くには、天狗《てんぐ》を祀《まつ》った薬王院《やくおういん》という寺《てら》がある。境内《けいだい》には、奉納《ほうのう》された天《てん》狗像《ぐぞう》や天狗《てんぐ》のゲタがたくさんあるよ！

狐《きつね》

野山《のやま》にいる狐《きつね》のうち、あやしい術《じゅつ》を使《つか》う狐《きつね》を化《ば》け狐《ぎつね》という。
全国各地《ぜんこくかくち》で昔話《むかしばなし》や伝説《でんせつ》として語《かた》られているけれど、
今《いま》もどこかにかくれすんでいるらしいんだ！

狐

きつね

ケース2　Jさんの体験談《たいけんだん》

とある山《やま》あいの村《むら》で生《う》まれ育《そだ》ったJさんは、子《こ》どものころ、子狐《こぎつね》を見《み》つけたことがあったという。

それは、何十年《なんじゅうねん》も昔《むかし》のこと。

学校《がっこう》の帰《かえ》りに、川《かわ》ぞいの道《みち》を歩《ある》いていると、子狐《こぎつね》がクンクンと鳴《な》いて、道《みち》ばたにうずくまっていた。

見《み》れば、足《あし》に釣《つ》り糸《いと》がからみつき、身動《みうご》きがとれないでいる。

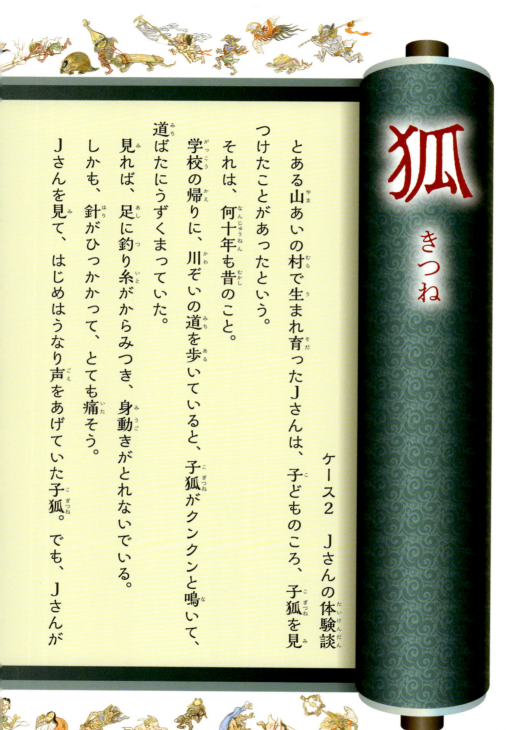

しかも、針《はり》がひっかかって、とても痛《いた》そう。

Jさんを見《み》て、はじめはうなり声《ごえ》をあげていた子狐《こぎつね》。でも、Jさんが

やさしく声《こえ》をかけていると、クンクンと鳴《な》くだけで、おとなしくなった。
そのすきにと、Jさんは、糸《いと》と針《はり》を取《と》りのぞく。
やっと自由《じゆう》になった子狐《こぎつね》は、あっという間《ま》に逃《に》げて行《い》き、しげみの中《なか》にかくれてしまった。
その夜《よる》——。奇妙《きみょう》なことがおきた。というのも、着物姿《きものすがた》の見《み》しらぬ女《じょ》性《せい》が、家《いえ》をたずねてきたんだ。

お父《とう》さんが、「どちらさま？」とたずねても、女性《じょせい》はなにも答《こた》えない。

ただニコニコとして、

「これを坊《ぼっ》ちゃんに、これを坊《ぼっ》ちゃんに」

と、きれいな包《つつ》み紙《がみ》の箱《はこ》を渡《わた》そうとする。

お父《とう》さんがしぶしぶ箱《はこ》を受《う》け取《と》ると、女性《じょせい》は満足《まんぞく》したのか、深々《ふかぶか》とおじぎをして帰《かえ》っていった。

箱《はこ》の中《なか》は、当時《とうじ》はめずらしい洋菓子《ようがし》。大人《おとな》は気味悪《きみわる》がっていたけれど、Jさん兄弟《きょうだい》は、大喜《おおよろこ》びで食《た》べたという。

「結局《けっきょく》、女性《じょせい》がだれだったのか、分《わ》からなかったんですよ。狐《きつね》のお母《かあ》さんが、子狐《こぎつね》を助《たす》けたお礼《れい》に来《き》たのかもなんて、子《こ》どものときには思《おも》っていました」

とJさんはいう。

狐《きつね》ってどんな妖怪《ようかい》？

日本《にほん》の動物《どうぶつ》の中《なか》には、物《もの》や動物《どうぶつ》、人間《にんげん》に変化《へんげ》する〝化《ば》ける能力《のうりょく》〟や、まぼろしを見《み》せて人間《にんげん》をだます〝化《ば》かす能力《のうりょく》〟を持《も》つものたちがいる。猫《ねこ》、蛇《へび》、猪《いのしし》、川獺《かわうそ》、鼬《いたち》と、いろいろな動物《どうぶつ》がいるけれど、狐《きつね》は狸《たぬき》とならんでトップクラスの実力者《じつりょくしゃ》。とくに、化《ば》ける・化《ば》かす能力《のうりょく》の高《たか》い狐《きつね》を、化《ば》け狐《ぎつね》なんてよぶんだ。

遠《とお》くに提灯《ちょうちん》のような明《あ》かりをともして気味悪《きみわる》がらせたり、幻覚《げんかく》で人《ひと》を道《みち》に迷《まよ》わせ、肥《こえ》だめを風呂《ふろ》だと思《おも》わせたり、人《ひと》に取《と》り憑《つ》いて病気《びょうき》にしたりと、とにかく人《ひと》を困《こま》らせる悪《わる》さやイタズラが大好《だいす》き。

仕返《しかえ》ししようにも、自分《じぶん》をいじめる人《ひと》にはたたるという、おそろしい性質《せいしつ》だから、しまつにおえない。

でも、悪《わる》さばかりをするばかりではなくて、困《こま》っているところを助《たす》けられると、きちんと恩返《おんがえ》しをする、義理《ぎり》がたい面《めん》もあるんだよ。

もしもにそなえて覚《おぼ》えておこう！

妖怪《ようかい》データと対策《たいさく》

狐《きつね》

出没度《しゅつぼつど》	50
出没地域《しゅつぼつちいき》の広《ひろ》さ	50
姿《すがた》の見《み》えやすさ	40
攻撃性《こうげきせい》	40
友好度《ゆうこうど》	20
対策難易度《たいさくなんいど》	40

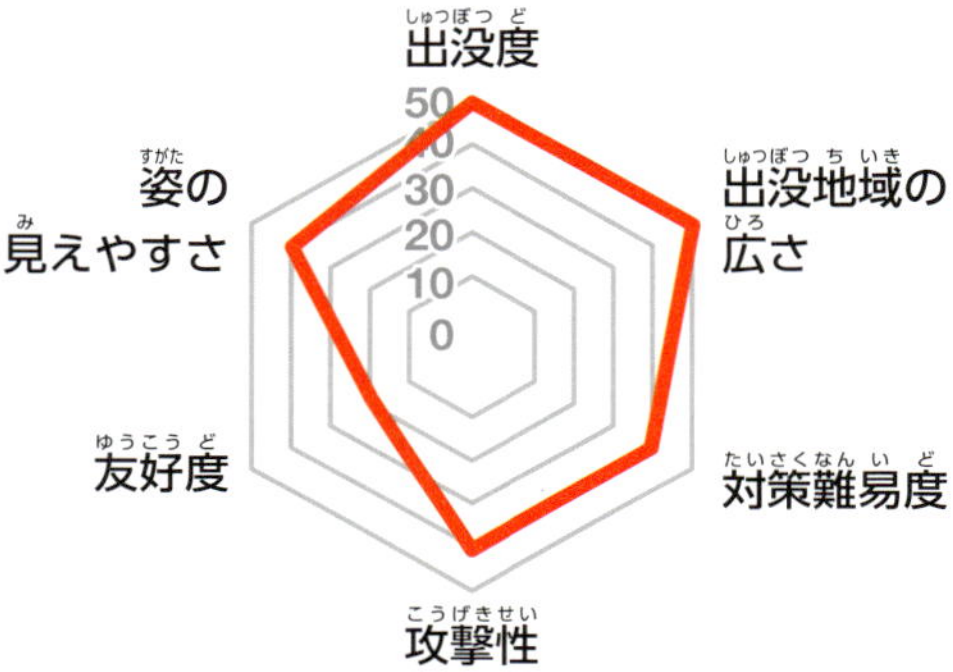

特《とく》徴《ちょう》

別名《べつめい》　お狐《きつね》さま（全国《ぜんこく》）、オトウカ（関東地方《かんとうちほう》）、コンコンサン（兵庫《ひょうご》県《けん》）などがある。

姿《すがた》の特徴《とくちょう》　基本《きほん》は獣《けもの》の姿《すがた》だけれど、人間《にんげん》をはじめ、ほかの動物《どうぶつ》や、地《じ》蔵《ぞう》、自動車《じどうしゃ》など、さまざまなものに化《ば》けることができる。

ふるまい　人《ひと》をだましてからかう。ときには命《いのち》までうばう。自分《じぶん》を助《たす》けてくれた人《ひと》には、恩返《おんがえ》しをすることもある。

出没場所《しゅつぼつばしょ》・時間《じかん》

出没地域《しゅつぼつちいき》 沖縄県《おきなわけん》をのぞいた全国《ぜんこく》。

出没場所《しゅつぼつばしょ》 野《の》山《やま》や森《もり》。ときには人里《ひとざと》や家《いえ》の中《なか》にまで入《はい》ってくる。

出没時間《しゅつぼつじかん》 一日中《いちにちじゅう》。とくに悪《わる》さを働《はたら》くのは夕方《ゆうがた》から明《あ》け方《がた》の暗《くら》い時間帯《じかんたい》。

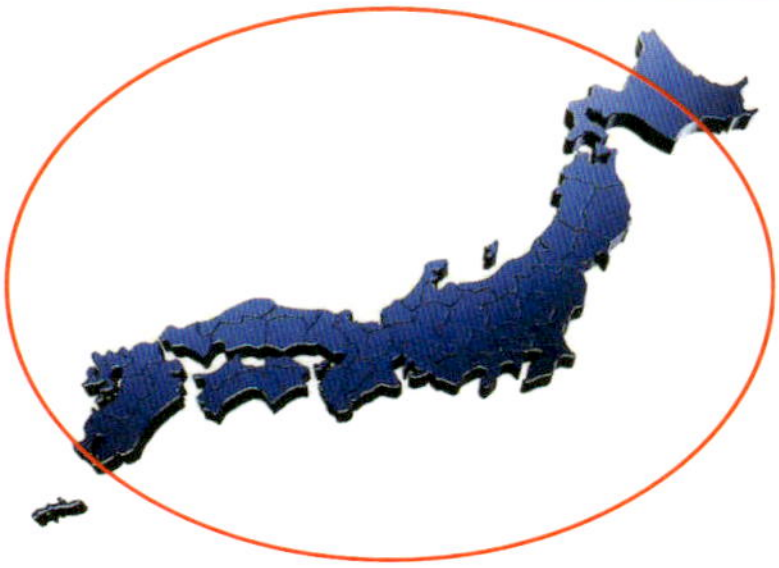

対策《たいさく》はこれだ!!

◎化《ば》け狐《ぎつね》から身《み》を守《まも》るには かんたんなのは、まゆ毛《げ》につばをぬれば、化《ば》かされないという方《ほう》法。狐《きつね》は人《ひと》のまゆ毛《げ》の本数《ほんすう》を数《かぞ》えることで、その人《ひと》の心《こころ》を読《よ》み、化《ば》かすことができるそうだ。つまり、まゆ毛《げ》につばをぬると、毛《け》がくっついて、本数《ほんすう》が分《わ》からなくなるというわけ。

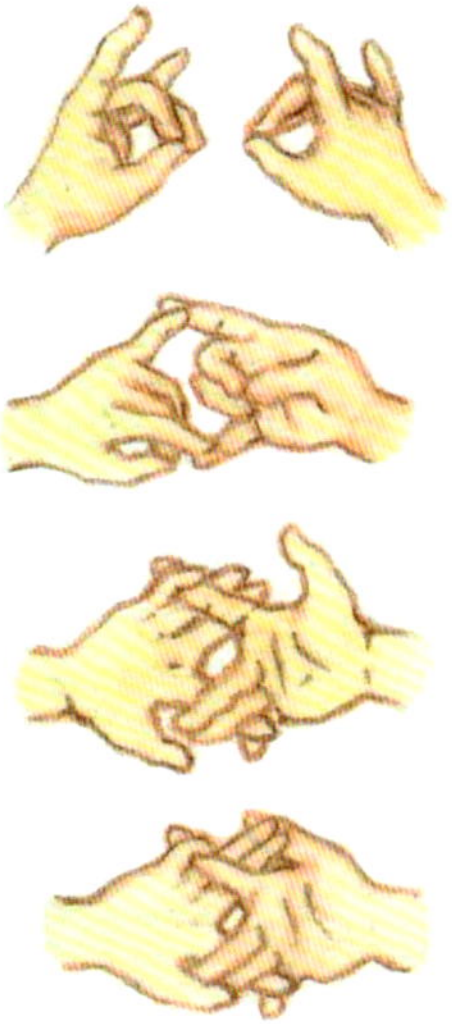

◎狐《きつね》が化《ば》けたものを見《み》やぶる方法《ほうほう》 指《ゆび》で狐《きつね》の窓《まど》を組《く》んで、「化生《けしょう》のものか魔《ま》性《しょう》のものか、正体《しょうたい》をあらわせ」と三回《さんかい》唱《とな》え、指《ゆび》で組《く》んだ窓《まど》からのぞくと、正《しょう》体《たい》を見《み》やぶることができるんだって！

正体《しょうたい》が分《わ》かったら、大《おお》きく深呼吸《しんこきゅう》してあわてずに行動《こうどう》すればいいよ！

化《ば》け狐《ぎつね》は全《ぜん》国《こく》各《かく》地《ち》にいる！

狐《きつね》がせいそくしている土地《とち》であれば、化《ば》け狐《ぎつね》はどこにでもいる。とくに昔《むかし》は、あちこちに有名《ゆうめい》な化《ば》け狐《ぎつね》がいて、神《かみ》さまとして祀《まつ》られることが多《おお》かった。

たとえば、人《ひと》に化《ば》けて京都旅行《きょうとりょこう》をした、広島県広島市《ひろしまけんひろしまし》中区江波《なかくえば》のおさん狐《ぎつね》。茶道《さどう》の大家《たいか》・千利休《せんのりきゅう》の孫《まご》にあたる千 宗旦《せんのそうたん》によく化《ば》けて、お茶《ちゃ》をふるまった、京都府《きょうとふ》京都《きょうと》市《し》の宗旦狐《そうたんきつね》などが、よくしられているよ。

なんで化《ば》け狐《ぎつね》を祀《まつ》るのかといえば、「神《かみ》さまとしてお祀《まつ》りするので、どうかイタズラをやめて、その不思議《ふしぎ》な力《ちから》で自分《じぶん》たちの願《ねが》い事《ごと》をかなえてほしい」という考《かんが》えが、人間《にんげん》の方《ほう》にあったみたいなんだ。

有名《ゆうめい》な化《ば》け狐《ぎつね》は、そのあたりの狐《きつね》の中《なか》では神通力《じんずうりき》のレベルが高《たか》い。だから、名《な》のしれた化《ば》け狐《ぎつね》であればあるほど、だいたい神《かみ》さまとして祀《まつ》られているんだ。

キミたちの家《いえ》の近《ちか》くにも、そんな狐《きつね》の祠《ほこら》があるかも！

広島市《ひろしまし》の江波車庫前駅《えばしゃこまええき》の近《ちか》くには、女性《じょせい》に化《ば》けてよく人《ひと》をだましたおさん狐《ぎつね》の像《ぞう》がある。

夜《よ》雀《すずめ》

夜道《よみち》を歩《ある》いているとき、チッチッチッチッという鳴《な》き声《ごえ》につきまとわれることがある。それは夜雀《よすずめ》という妖怪《ようかい》が、不吉《ふきつ》の前《まえ》ぶれとして鳴《な》いているんだ！

夜雀

よすずめ

ケース3　関西《かんさい》に住《す》むKさんの体験談《たいけんだん》

自転車旅行《じてんしゃりょこう》が趣味《しゅみ》のKさんは、四国一週《しこくいっしゅう》の旅《たび》をしているとき、とても奇妙《きみょう》な体験《たいけん》をしたという。

それは、高知県《こうちけん》の海沿《うみぞ》いの道《みち》を、自転車《じてんしゃ》で走《はし》っていたときのこと。

夕方《ゆうがた》から小雨《こさめ》が降《ふ》りだしたので、Kさんは早《はや》めに宿《やど》へ入《はい》ろうと、暗《くら》くなりはじめた道《みち》を急《いそ》いでいた。

道路《どうろ》わきに宿《やど》の看板《かんばん》が見《み》えてきたので、その地図《ちず》にしたがって、山《やま》へと向《む》かう道《みち》に入《はい》る。

すると、そこはまっくらな上《のぼ》り坂《ざか》。

Kさんは、自転車《じてんしゃ》のライトをたよりに、押《お》して上《のぼ》ることにした。

しばらく山道《やまみち》を上《あ》がっていると、チッチッチッという音《おと》が、どこから
か聞《き》こえてきた。

それは、雀《すずめ》の短《みじか》い鳴《な》き声《ごえ》のようなかすかな音《おと》……。

なんだろうと思《おも》っていると、音《おと》はだんだんと近《ちか》くなり、しかも、右《みぎ》から聞《き》こえたかと思《おも》うと、すぐに左《ひだり》からも聞《き》こえ、あっという間《ま》に、前後《ぜんご》

左右《さゆう》で音《おと》が鳴《な》り出《だ》した。

同時《どうじ》に、よく見《み》えないけれど、小《ちい》さな鳥《とり》か虫《むし》のようなものが、群《むら》がるようにKさんのまわりを飛《と》びまわる。

それは目《め》も開《あ》けていられないほどで、口《くち》の中《なか》にも飛《と》びこんできそうないきおい。

たまらず自転車《じてんしゃ》を押《お》して走《はし》り出《だ》すKさん。

やがて、道《みち》の先《さき》に宿《やど》の明《あ》かりが見《み》えてくると、チッチッという音《おと》も消《き》え、鳥《とり》か虫《むし》のようなものも、気《き》づいたらいなくなっていたという。

「とにかく体《からだ》といい顔《かお》といい、ワーッと群《むら》がってくるんです。それが鳥《とり》か虫《むし》かだなんて、調《しら》べているよゆうはないですよ」

Kさんの話《はなし》では、コワイというよりも、とにかく気持《きも》ちの悪《わる》い、不思《ふし》議《ぎ》な体験《たいけん》だったそうだ。

夜《よ》雀《すずめ》ってどんな妖怪《ようかい》？

夜《よる》の山道《やまみち》を歩《ある》いているとき、後《うし》ろや前《まえ》で、チッチッチとかチャッチャッチャッと鳴《な》きながら、なにかがつきまとうことがある。

高知県《こうちけん》や和歌山県《わかやまけん》の山《やま》あいでは、それを夜雀《よすずめ》のしわざといっていた。

高知県《こうちけん》ではたもと雀《すずめ》ともよんで、たもと（着物《きもの》の袖《そで》の袋《ふくろ》になった部分《ぶぶん》）に鳥《とり》のような虫《むし》のようなものが入《はい》りこむと、よくないことが起《お》きると信《しん》じられたんだ。不思議《ふしぎ》なことに、たもと雀《すずめ》の鳴《な》き声《ごえ》は、つきまとわれた人《ひと》にしか聞《き》こえず、いっしょにいる人《ひと》にはなにも聞《き》こえないそうだ。

夜雀《よすずめ》の正体《しょうたい》だけれど、じつは、クロメンガタスズメやシモフリスズメというスズメガのなかまは、チッチッチッと鳴《な》くことが分《わ》かっている。愛媛県《えひめけん》の方《ほう》では、夜雀《よすずめ》は蛾《が》の一種《いっしゅ》だといっていたから、おそらく高知県《こうちけん》や和歌山県《わかやまけん》の夜雀《よすずめ》も、正体《しょうたい》はスズメガなんだろう。でも、まとわりつかれた人《ひと》にしか鳴《な》き声《ごえ》が聞《き》こえないのも変《へん》だし、謎《なぞ》は残《のこ》るんだ……。

もしもにそなえて覚《おぼ》えておこう！

妖怪《ようかい》データと対策《たいさく》

夜雀《よすずめ》

出没度《しゅつぼつど》	30
出没地域《しゅつぼつちいき》の広《ひろ》さ	20
姿《すがた》の見《み》えやすさ	20
攻撃性《こうげきせい》	20
友好度《ゆうこうど》	0
対策難易度《たいさくなんいど》	40

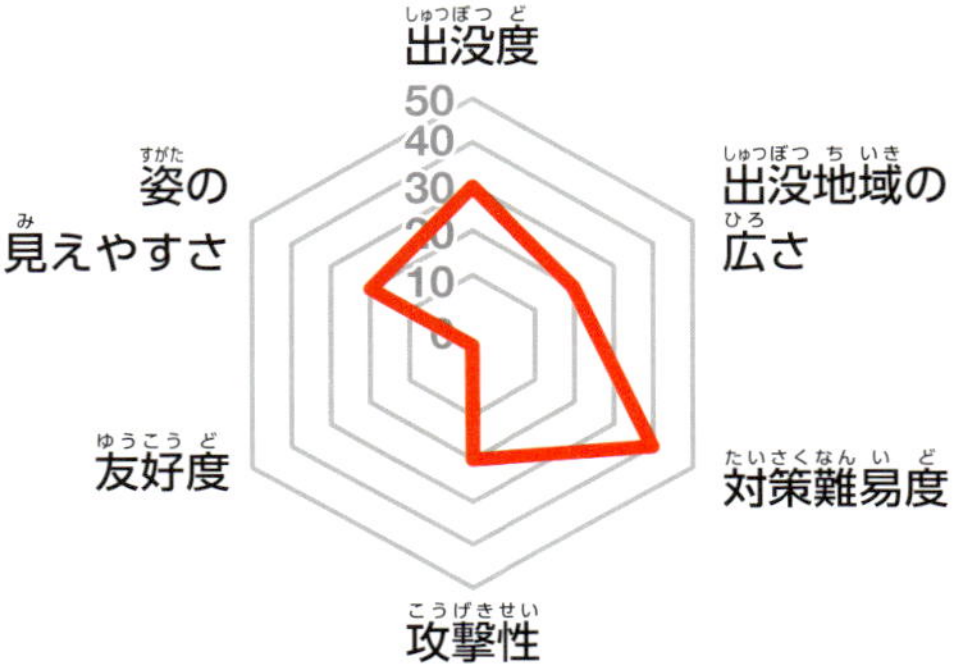

特徴《とくちょう》

別名《べつめい》　たもと雀《すずめ》（高知県《こうちけん》）、送《おく》り雀《すずめ》（和歌山県《わかやまけん》）などがあるよ。

姿《すがた》の特徴《とくちょう》　姿《すがた》はよく分《わ》からない。小《ち》さい鳥《とり》か蛾《が》のような形《かたち》が想像《そうぞう》されている。

ふるまい　夜《よる》の山道《やまみち》を歩《ある》く人《ひと》がいると、チッチッチッという鳴《な》き声《ごえ》とともにまとわりつく。

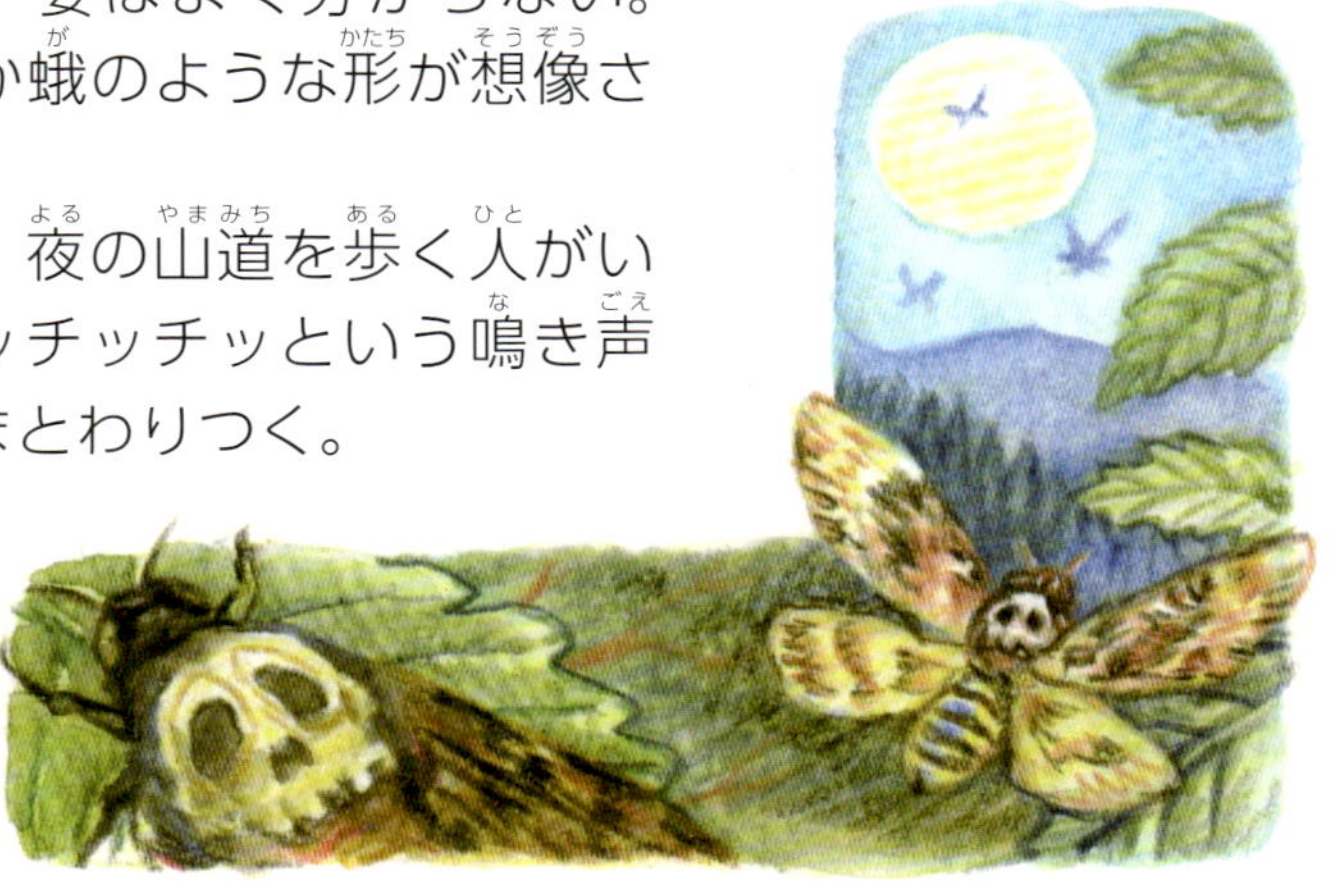

出没《しゅつぼつ》場所《ばしょ》・時間《じかん》

出没地域《しゅつぼつちいき》　高知県《こうちけん》、愛媛県《えひめけん》、奈良県《ならけん》、和歌山県《わかやまけん》にあらわれる。
出没場所《しゅつぼつばしょ》　山道《やまみち》が多《おお》い。
出没時間《しゅつぼつじかん》　主《おも》に夜《よる》。雨降《あめふ》りの日《ひ》も出現《しゅつげん》することがある。

対策《たいさく》はこれだ!!

◎夜道《よみち》で雀《すずめ》の鳴《な》き声《ごえ》がしたら　夜雀《よすずめ》を追《お》いはらうには、「チッチッチッと鳴《な》く鳥《とり》は　シチギの棒《ぼう》が恋《こい》しいか　恋《こい》しくばパンとひと撃《う》ち」、あるいは「チッチッチと鳴《な》く鳥《とり》を　はよ吹《ふ》きたまえ　伊勢《いせ》の神風《かみかぜ》」という呪文《じゅもん》をとなえるといい。そうすれば、自然《しぜん》といなくなるんだ。

◎木《き》の枝《えだ》を地面《じめん》に三本立《さんぼんた》てる　こんな呪文《じゅもん》もある。「大《おお》シラガ　小《こ》シラガ　峠《とうげ》を通《とお》れども　神《かみ》の子《こ》でなけりゃあ通《とお》らんぞよ　あとへ榊《さかき》を立《た》てておくぞよ　あびらうんけんそわか」と唱《とな》える。そして、地面《じめん》に木《き》の枝《えだ》を三本立《さんぼんた》てると、いなくなってしまうというよ。

有効《ゆうこう》なアイテム

LEDライト　夜雀《よすずめ》が蛾《が》であれば、夜道《よみち》を歩《ある》く人《ひと》の明《あ》かりに群《むら》がった可能性《かのうせい》がある。それなら蛾《が》などの虫《むし》が集《あつ》まらないLEDのライトを使《つか》えば、夜雀《よすずめ》もこないかも!?

夜《よ》雀《すずめ》と狼《おおかみ》の関《かん》係《けい》とは？

「たもと雀《すずめ》がたもとに入《はい》りこむと、不吉《ふきつ》なことがおこる」「夜雀《よすずめ》の出現《しゅつげん》は、よくないことの前《まえ》ぶれ」とされることが多《おお》かった。

たとえば、愛媛県《えひめけん》南《みなみ》宇和郡《うわぐん》では、夜雀《よすずめ》があらわれると、かならず近《ちか》くに狼《おおかみ》や山犬《やまいぬ》がいて、人間《にんげん》をねらっているといわれていたんだ。

そういう狼《おおかみ》や山犬《やまいぬ》のことを、送《おく》り狼《おおかみ》とか送《おく》り犬《いぬ》なんてよんでいる。人《ひと》の後《うし》ろをずっとついて歩《ある》き、その人《ひと》が転《ころ》んだときにおそいかかるんだよ。

ただ、狼《おおかみ》や山犬《やまいぬ》が後《うし》ろをついてくるのは、悪《わる》いことばかりじゃない。

転《ころ》ばないようにしんちょうに歩《ある》けば、おそってくることはないし、山《やま》の獣《けもの》や妖怪《ようかい》は、狼《おおかみ》や山犬《やまいぬ》をとてもおそれていたから、狼《おおかみ》が後《うし》ろについているあいだは、逆《ぎゃく》に安全《あんぜん》でもあった。

つまり夜雀《よすずめ》は、送《おく》り狼《おおかみ》の先導役《せんどうやく》と信《しん》じられ、チッチッチッという声《こえ》が聞《き》こえるあいだは、山《やま》の獣《けもの》や妖怪《ようかい》から守《まも》られている証《あかし》になったんだって。

でもそうすると、夜雀《よすずめ》の出現《しゅつげん》は、不吉《ふきつ》なのかそうでないのか、よくわからなくなっちゃうね！

ぬりかべ

夕方《ゆうがた》や夜《よる》の山道《やまみち》を歩《ある》いていると、とつぜん、進行方向《しんこうほうこう》に見《み》えないかべが出現《しゅつげん》!?　なにもないのに先《さき》へ進《すす》めなくなるのは、妖怪《ようかい》・ぬりかべのしわざかも!!

ぬりかべ

ケース4　関東《かんとう》に住《す》むＬさんの体験談《たいけんだん》

Ｌさんという女性《じょせい》は、数年前《すうねんまえ》の春《はる》、とある山《やま》で、おかしな現象《げんしょう》を体験《たいけん》したそうだ
それは、関東《かんとう》の山《やま》の、ハイキングコースを歩《ある》いたときのこと。

低《ひく》い山《やま》なので、Ｌさんは昼《ひる》ごろにふもとのバス停《てい》に降《お》り立《た》つと、のんびりと山歩《やまある》きを楽《たの》しんだ。

けれども、山《やま》の中《なか》は日《ひ》の落《お》ちるのが早《はや》い。

ふもとのバス停《てい》に着《つ》く前《まえ》に、あたりは暗《くら》くなってきてしまった。

まっ暗《くら》になる前《まえ》に下山《げざん》しようと、あせりながら歩《ある》くＬさん。

そして、せまい切《き》り通《どお》し（山《やま》や丘《おか》を切《き》り開《ひら》いて通《とお》した道《みち》）の道《みち》にさしかかったとき、異変《いへん》がおきた。というのも、なぜか目《め》の前《まえ》に見《み》えないかべができて、一歩《いっぽ》も前《まえ》へ進《すす》めなくなってしまったんだ！

いくら押《お》してもむだ。横《よこ》をすり抜《ぬ》けようにも、かべは左右《さゆう》に続《つづ》いていた。

道《みち》の続《つづ》きは、目《め》の前《まえ》に見《み》えている。

けれども、なぜか通《とお》れない。

Lさんは、その場《ば》に座《すわ》りこんでしまった。

何分《なんぷん》くらいたったのだろうか、Lさんは、もう一度《いちど》、かべがあった方《ほう》に歩《ある》いてみた。

すると、さっきまでたしかにあったかべはなく、ふつうに前《まえ》へと進《すす》むことができたという……。

「なんだか、本当《ほんとう》に変《へん》な体験《たいけん》でした。目《め》には見《み》えないのに、ゴムみたいな壁《かべ》があるんですから」

というLさん。

今《いま》も山歩《やまある》きをしているけれど、こんな不思議《ふしぎ》体験《たいけん》は、それ以来《いらい》あったことがないそうだ。

ぬりかべってどんな妖怪《ようかい》？

夜《よる》や夕暮《ゆうぐ》れの道《みち》を歩《ある》いていると、とつぜん、目《め》の前《まえ》に見《み》えないかべがあらわれて、前《まえ》に進《すす》めなくなる。福岡県《ふくおかけん》の北部《ほくぶ》地方《ちほう》では、こういう現象《げんしょう》を、昔《むかし》はぬりかべのしわざだといっていたんだ。

正体《しょうたい》についてはとくに伝《つた》わっていないけれど、大分県《おおいたけん》では、狸《たぬき》や鼬《いたち》といった動物《どうぶつ》が、ぬりかべ現象《げんしょう》をおこすと信《しん》じられていた。

この大分県《おおいたけん》でいうぬりかべは、見《み》えないかべが出《で》てくるのではなくて、夜《よ》道《みち》を歩《ある》いているとき、目《め》の前《まえ》がまっ暗《くら》になって、なにも見《み》えなくなる現象《げんしょう》のことをいう。

たとえば、大分県《おおいたけん》佐伯市《さいきし》では、目《め》の前《まえ》が暗《くら》くなるのは、狸《たぬき》が着物《きもの》の帯《おび》の結《むす》び目《め》に乗《の》り、後《うし》ろから手《て》をのばして人間《にんげん》の目《め》をかくすからだといっていた。だから、夜道《よみち》を歩《ある》くときは、帯《おび》の結《むす》び目《め》を前《まえ》にするものだと、昔《むかし》はいわれていたそうだ。

もしもにそなえて覚《おぼ》えておこう！

妖《よう》怪《かい》データと対《たい》策《さく》

ぬりかべ

出没度《しゅつぼつど》	30
出没地域《しゅつぼつちいき》の広《ひろ》さ	30
姿《すがた》の見《み》えやすさ	0
攻撃性《こうげきせい》	20
友好度《ゆうこうど》	0
対策難易度《たいさくなんいど》	40

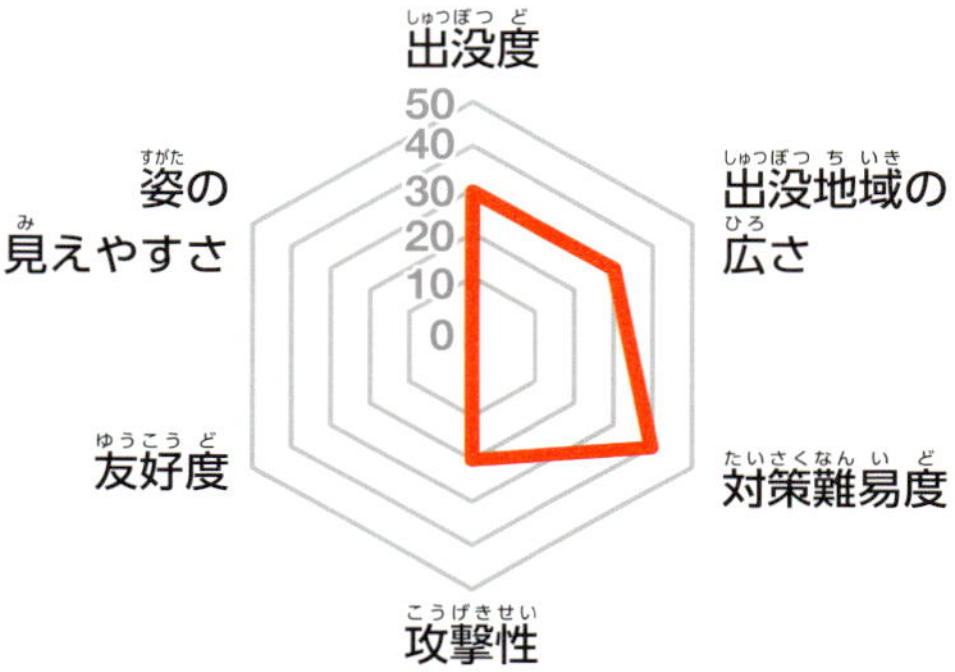

特《とく》徴《ちょう》

別名《べつめい》　かべぬり（大分県《おおいたけん》）など。

姿《すがた》の特徴《とくちょう》　透明《とうめい》な壁《かべ》のようなもので、それが道《みち》の上下左右《じょうげさゆう》に、はてしなく続《つづ》いている。

ふるまい　いきなり道《みち》に透明《とうめい》なかべあらわして、歩《ある》く人《ひと》を前《まえ》に進《すす》めなくしてしまう。

出没場所《しゅつぼつばしょ》・時間《じかん》

出没地域《しゅつぼつちいき》　福岡県《ふくおかけん》、大分県《おおいたけん》。
出没場所《しゅつぼつばしょ》　山道《やまみち》や、人里《ひとざと》のさびしい道《みち》。
出没時間《しゅつぼつじかん》　うす暗《くら》い時間帯《じかんたい》や、夜《よる》が多《おお》いようだ。

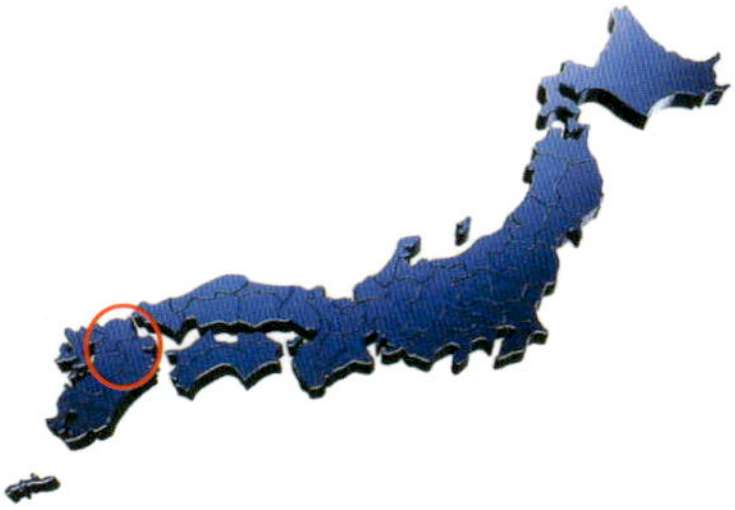

対策《たいさく》はこれだ!!

◎行《ゆ》く手《て》にかべがあらわれたら！　ぬりかべだと気《き》づいたら、棒《ぼう》でかべの下《した》の方《ほう》をはらってやるといい。そうすれば、自然《しぜん》とかべはなくなってしまうんだよ。

◎とにかく落《お》ち着《つ》いて休《やす》む　ぬりかべと同《おな》じような妖怪《ようかい》は、各地《かくち》にいくつか伝《つた》わっていて、その対処方法《たいしょほうほう》は、休憩《きゅうけい》するというのが多《おお》い。

たぶん、Lさんが出会《であ》ったのも、ぬりかべのなかまなんだろう。

Lさんの場合《ばあい》も、少《すこ》し休《やす》んだことで、かべが消《き》えたと考《かんが》えられるから、あわてずに少《すこ》し休《やす》むというのも、効果《こうか》はあるみたいだよ。

有効《ゆうこう》なアイテム

ノートや新聞紙《しんぶんし》　ぬりかべ対策《たいさく》で木《き》の棒《ぼう》が見《み》つからないときは、ノートや新聞紙《しんぶんし》を丸《まる》めて、棒《ぼう》の代《か》わりにしてみよう。きっと効果《こうか》があるはずだ！

ぬりかべのなかまはあちこちに

高知県幡多郡《こうちけんはたぐん》には、野襖《のぶすま》という妖怪《ようかい》が伝《つた》わる。家《いえ》の中《なか》にあるはずの襖《ふすま》が夜道《よみち》にとつぜんあらわれて、それが上下左右《じょうげさゆう》、果《は》てしなく続《つづ》くから、前《まえ》に進《すす》めなくなってしまうんだ。

襖《ふすま》ではなく、衝立《ついたて》（部屋《へや》を仕切《しき》るための家具《かぐ》）を夜道《よみち》にあらわして、通行《つうこう》のじゃまをするというのが、徳島県《とくしまけん》美馬市脇町《みましわきまち》の衝立狸《ついたてたぬき》。徳島県《とくしまけん》では、あやしいことはなんでも狸《たぬき》のしわざにしてしまうけど、ぬりかべと同《おな》じ現象《げんしょう》と思《おも》っていいだろう。

それから、山口県岩国市《やまぐちけんいわくにし》では、夜道《よみち》でいきなり金網《かなあみ》が出《で》てきて、周囲《しゅうい》をかこまれてしまった体験《たいけん》をした人《ひと》がいる。座禅《ざぜん》を組《く》んで心《こころ》を落《お》ち着《つ》かせると、金網《かなあみ》は消《き》えてしまったそうだ。

鹿児島県《かごしまけん》の喜界島《きかいじま》のシマーブーも、夜道《よみち》を歩《ある》いていると、枝《えだ》を広《ひろ》げた木《き》のようなものがあらわれて、前《まえ》に進《すす》めなくするというよ。

これらの妖怪《ようかい》は、目《め》に見《み》えるものがあらわれて通行《つうこう》のじゃまをするわけだけど、障害物《しょうがいぶつ》ということでは、ぬりかべと同《おな》じ。そして、対処方法《たいしょほうほう》も似《に》ていることから、ぬりかべのなかまと見《み》ていいようだ。

油《あぶら》すまし

峠《とうげ》などの山道《やまみち》で「ここには昔《むかし》、お化《ば》けがでたそうだ」なんて話《はなし》をすると、その妖怪《ようかい》がホントに出現《しゅつげん》するという。いったい、どんな妖怪《ようかい》が出《で》てくるんだろう！

油ずまし
あぶらずまし

ケース5　仕事《しごと》で九州《きゅうしゅう》にいたMさんの体験談《たいけんだん》

休《やす》みの日《ひ》は、史跡《しせき》めぐりをしてすごすという、Mさんの話《はなし》だよ。

それは、仕事《しごと》で九州《きゅうしゅう》にいたある日《ひ》のこと。

Mさんは、奥《おく》さんといっしょに、古《ふる》い峠道《とうげみち》をさんさくしていたという。

その峠《とうげ》は、大昔《おおむかし》に使《つか》われた山道《やまみち》。

たまに地元《じもと》の人《ひと》が通《とお》るくらいなのか、草《くさ》はぼうぼう、倒《たお》れた木《き》がごろごろと転《ころ》がっていた。

草《くさ》をわけ、倒《たお》れた木《き》をよけながら歩《ある》いていたMさん。

ふと、峠《とうげ》に伝《つた》わる昔話《むかしばなし》を思《おも》い出《だ》して、奥《おく》さんに話《はな》しかけた。

それは、地元《じもと》の歴史《れきし》を記《しる》した本《ほん》にのっていた話《はなし》で、よく覚《おぼ》えてはいなかったものの、とにかくお化《ば》けが出《で》るという内容《ないよう》だった。

「そういえば、昔《むかし》はここに、お化《ば》けがいたんだって」

「へえ。どんなお化《ば》けなの？」

「さあ…。よく分《わ》からないな」

そんな会話《かいわ》をしていると、とつぜん、前《まえ》の方《ほう》のしげみから、

「今《いま》でもいるみたいですよ」

という声《こえ》。

だれかいるのかとよく見《み》てみたけれど、山道《やまみち》はもちろん、山《やま》の中《なか》にも草《くさ》かげにも人《ひと》の姿《すがた》はない。

声《こえ》はそれっきり。けはいどころか、物音《ものおと》さえ聞《き》こえない。

なんとなく気味《きみ》が悪《わる》くなった二人《ふたり》は、もう前《まえ》に進《すす》むのをためらってしまい、来《き》た道《みち》を引《ひ》き返《かえ》したということなんだ。

「まあ、山菜採《さんさいと》りをしていた人《ひと》が草《くさ》のかげにいて、イタズラで声《こえ》をかけたのかもしれないですけどね」というMさん。

まったく冗談《じょうだん》みたいな話《はなし》なので、だれも信《しん》じてくれないけれど、そのときの、子《こ》どもとも大人《おとな》ともいえない変《へん》な声《こえ》は、とても気味《きみ》も悪《わる》かったそうだ。

油《あぶら》ずましってどんな妖怪《ようかい》？

油《あぶら》ずましは、熊本県天草市《くまもとけんあまくさし》の草隅越《くさずみごえ》という、今《いま》はほとんど使《つか》われていない峠道《とうげみち》にあらわれた、なぞだらけの妖怪《ようかい》だ。

峠《とうげ》のとちゅうで、「昔《むかし》はここに油《あぶら》ずましが出《で》たそうな」なんて話《はなし》をすると、「今《いま》もー出《で》るーぞー」といってあらわれるという。

伝《つた》えられている話《はなし》はこれだけなので、油《あぶら》ずましがどんな姿《すがた》をしているのか、また、どんなことをする妖怪《ようかい》なのか、まったく分《わ》からない。人《ひと》の言葉《ことば》をしゃべることから、たぶん人《ひと》の姿《すがた》をしていたんだろうね。

じつは、九州《きゅうしゅう》を中心《ちゅうしん》にした西日本《にしにほん》には、油《あぶら》ずましと同《おな》じパターンの話《はなし》が、いくつか伝《つた》わっているんだ（くわしくはコラムを見《み》てね）。

Mさんが体験《たいけん》した話《はなし》も、同《おな》じパターンの話《はなし》になっているから、声《こえ》の正体《しょうたい》は、油《あぶら》ずましのなかまだった可能性《かのうせい》がある。もしくは、Mさんがいう通《とお》り、峠《とうげ》の昔話《むかしばなし》をしっている人《ひと》の、イタズラだったのかもしれないね！

もしもにそなえて覚《おぼ》えておこう！

妖《よう》怪《かい》データと対《たい》策《さく》

油《あぶら》ずまし

出没度《しゅつぼつど》	20
出没地域《しゅつぼつちいき》の広《ひろ》さ	20
姿《すがた》の見《み》えやすさ	30
攻撃性《こうげきせい》	10
友好度《ゆうこうど》	0
対策難易度《たいさくなんいど》	30

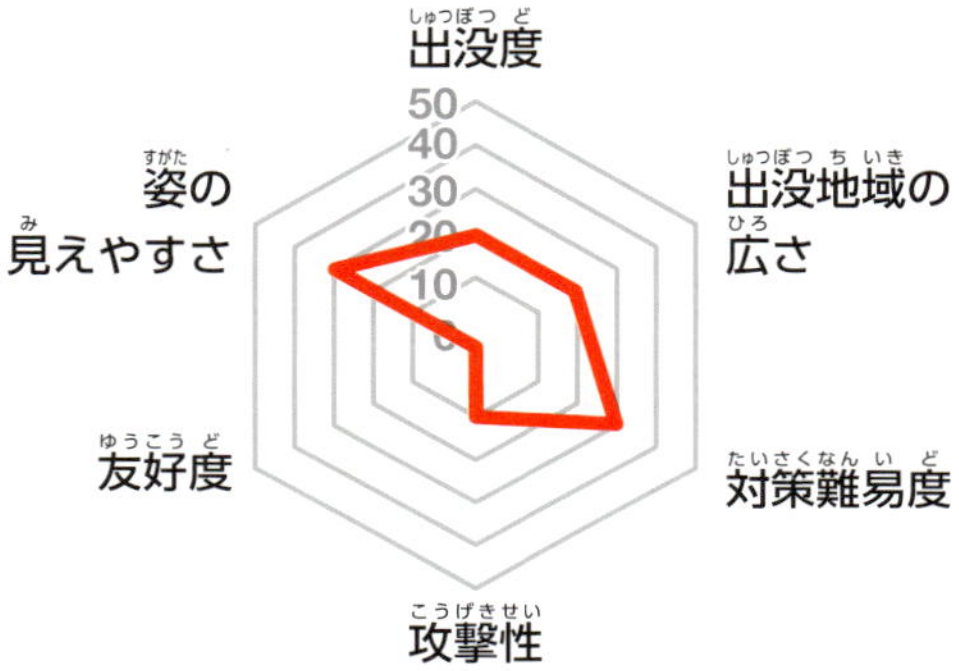

特《とく》徴《ちょう》

別名《べつめい》 油《あぶら》すまし。

姿《すがた》の特徴《とくちょう》 不明《ふめい》。

ふるまい 山道《やまみち》で自分《じぶん》のことを語《かた》られると、いきなりあらわれて、人《ひと》をびっくりさせる。

出没《しゅつぼつ》場所《ばしょ》・時間《じかん》

出没地域《しゅつぼつちいき》 熊本県《くまもとけん》。
出没場所《しゅつぼつばしょ》 あまり使《つか》われていない昔《むかし》の峠道《とうげみち》。
出没時間《しゅつぼつじかん》 昼《ひる》も夜《よる》も関係《かんけい》なくあらわれるようだ。

対策《たいさく》はこれだ!!

◎あやしい話《はなし》がある峠《とうげ》には行《い》かない 油《あぶら》ずましや、それと同《おな》じような妖怪《ようかい》は、今《いま》はもう使《つか》われていないような峠《とうげ》や山道《やまみち》にあらわれる。そもそも、道路《どうろ》が整備《せいび》された現代《げんだい》では、そういう山道《やまみち》を通《とお》らなくてもすむようになっているから、妖怪《ようかい》に出会《であ》いたくなければ、あやしい話《はなし》が伝《つた》わる峠《とうげ》や山道《やまみち》に行《い》かなければいい。「君子危《くんしあや》うきに近《ちか》よらず（頭《あたま》のいい人《ひと》は、わざわざ危《あぶ》ないところには近《ちか》づかない、という意味《いみ》）」だ。

◎話《はなし》をしないこと それでもうっかり妖怪《ようかい》が出《で》た場所《ばしょ》を通《とお》ってしまった場合《ばあい》は、「ここに出《で》たんだって」なんて話《はなし》はしないこと！

有効《ゆうこう》なアイテム

昔話《むかしばなし》や伝説《でんせつ》の本《ほん》 旅先《たびさき》で、うっかり妖怪《ようかい》がいた峠《とうげ》に行《い》ってしまうことがないよう、前《まえ》もってその土地《とち》の昔話《むかしばなし》や伝説《でんせつ》を書《か》いた本《ほん》を読《よ》んでおこう。

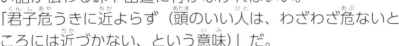

油《あぶら》ずましのなかま？

油《あぶら》ずましの話《はなし》が伝《つた》わる天草市《あまくさし》には、こんな話《はなし》もある。

まずは河浦町《かわうらまち》の、ウソ峠《とうげ》での話《はなし》。

峠《とうげ》を通《とお》るときに「ここには昔《むかし》、手首《てくび》とか生首《なまくび》が出《で》たそうだ」というと、「今《いま》ぁもぉぉ」という声《こえ》とともに、血《ち》だらけの手首《てくび》や生首《なまくび》が転《ころ》がってくるというよ。

それから有明町《ありあけちょう》には、カンネンゴケジョという妖怪《ようかい》がいる。

カンネンゴケジョとは、占《うらな》いを仕事《しごと》にしていた老婆《ろうば》のあだ名《な》のようなもので、老婆《ろうば》が死《し》んだあと、屋敷《やしき》のあったところで「昔《むかし》ここに、カンネンゴケジョって、婆《ばあ》さんがいたらしいよ」というと、「今《いま》でもおっぞい、おっぞい。けへへ」といって、婆《ばあ》さんの妖怪《ようかい》が出《で》てきたという。

天草市《あまくさし》以外《いがい》にも、熊本県宇城市豊野町《くまもとけんうきしとよのちょう》では、今《いま》も坂《さか》という坂道《さかみち》で、「昔《むかし》、ここに大入道《おおにゅうどう》が出《で》たらしいね」というと、「今《いま》でも！」といって大入道《おおにゅうどう》が出《で》るという話《はなし》がある。

また、場所《ばしょ》は変《か》わって、香川県綾川町西分《かがわけんあやがわちょうにしぶん》の阿波爺《あわじ》という峠《とうげ》でも、「昔《むかし》ここに、阿波爺《あわじ》という妖怪《ようかい》が出《で》たそうだ」というと、「ここにおるぞー」といって、阿波爺《あわじ》が出《で》てくるなんて話《はなし》があるよ。

こんな感《かん》じで、昔《むかし》の話《はなし》をすると妖怪《ようかい》が出《で》る場所《ばしょ》は、あちこちにある。うかうかしていられないね！

雪女《ゆきおんな》

冬《ふゆ》になると、雪山《ゆきやま》にあやしい女《おんな》の妖怪《ようかい》があらわれることがある。美人《びじん》だからと、うっかり声《こえ》をかけたり、目《め》をあわせたりすると、命《いのち》をうばわれてしまうかも!?

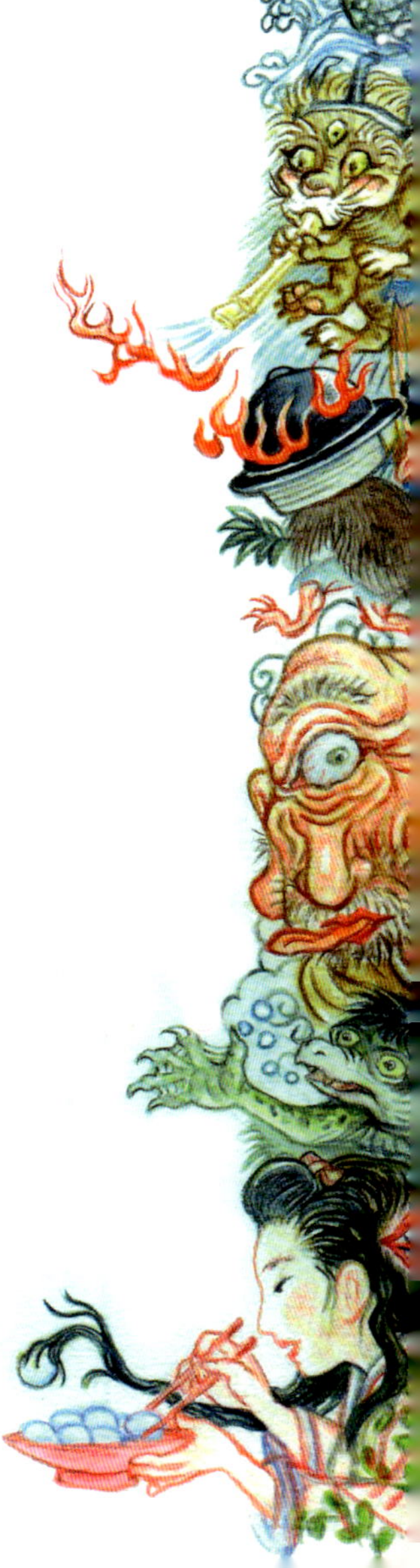

雪女《ゆきおんな》

ケース6　東北地方《とうほくちほう》に住《す》むNさんの体験談《たいけんだん》

スノーボード好《ず》きのNさんという女性《じょせい》は、数年前《すうねんまえ》、友《とも》だちと二人《ふたり》で、とあるスキー場《じょう》へ行《い》ったという。

その日《ひ》はお客《きゃく》が少《すく》なく、ナイターのゲレンデは貸《か》し切《き》り状態《じょうたい》。

Nさんは、だれにもえんりょすることなく、思《おも》いっ切《き》りすべって楽《たの》しんだ。

でも、山林《さんりん》コースへ入《はい》ったあたりから、チラチラと雪《ゆき》が降《ふ》りはじめ、あっという間《ま》にもうれつな吹雪《ふぶき》に。

きけんを感《かん》じた二人《ふたり》は、急《いそ》いでふもとに帰《かえ》ることにした。

風《かぜ》はますます強《つよ》くなり、吹《ふ》きつける雪《ゆき》で、十《じゅう》メートル先《さき》くらいしか見《み》えない。

山道《やまみち》から外《はず》れないよう、気《き》をつけながらすべっていると……。

道《みち》の横《よこ》に大《おお》きな木《き》があり、その下《した》に、ベビーカーが見《み》えた。

そのかたわらには、白《しろ》いジャージを着《き》た若《わか》い女《おんな》がいて、なぜかNさんを手招《てまね》きする。

急《きゅう》な吹雪《ふぶき》で、こまっているのかと思《おも》ったNさん。

女《おんな》の方《ほう》に行《い》こうと、スノーボードから降《お》りたしゅんかん。

「ねえ！　なにやってるの！」

後《うし》ろで、友《とも》だちのさけび声《こえ》。

ハッと気《き》がつくと、女《おんな》なんてどこにもいない。

そもそもそこは、ベビーカーで来《こ》られるような場所《ばしょ》ではないんだ！

とたんにこわくなったNさんは、あわててふもとまで帰《かえ》ったんだって。

「町中《まちなか》とかに、ふつうにいそうな感《かん》じの女性《じょせい》だったんですよ。ベビーカーもあるし、なにか手伝《てつだ》いができればと思《おも》ったんです。でも、真冬《まふゆ》の雪山《ゆきやま》にジャージ姿《すがた》って、たしかに変《へん》ですよね……」

というNさんだけど、今《いま》となっては、急《きゅう》な吹雪《ふぶき》で頭《あたま》がこんらんして、まぼろしでも見《み》たんだろうと思《おも》っているそうだ。

雪女《ゆきおんな》ってどんな妖怪《ようかい》?

雪《ゆき》の降《ふ》る晩《ばん》や、吹雪《ふぶき》のときにあらわれて、人間《にんげん》に悪《わる》さをする女《おんな》の姿《すがた》の妖怪《ようかい》。それが雪女《ゆきおんな》だ。東北《とうほく》や北陸《ほくりく》のような豪雪地帯《ごうせつちたい》にかぎらず、雪《ゆき》の降《ふ》る場所《ばしょ》ならどこにでも出《で》るようで、九州地方《きゅうしゅうちほう》にも出現《しゅつげん》した話《はなし》がある。

特徴《とくちょう》は土地《とち》ごとにちがうけれど、だいたいは色白《いろじろ》の美人《びじん》で、雪山《ゆきやま》で出会《であ》った人《ひと》の元気《げんき》をうばったり、凍死《とうし》させたり、連《つ》れ去《さ》った子《こ》どもの生《い》き肝《ぎも》を取《と》ったりと、おそろしい性質《せいしつ》のものが多《おお》い。

正体《しょうたい》については、雪《ゆき》の精霊《せいれい》や、山《やま》で行《い》きだおれになった女性《じょせい》の霊《れい》など、いろいろといわれている。赤《あか》ん坊《ぼう》を抱《だ》いて出《で》てくるタイプもいて、この場合《ばあい》は、お産《さん》のときに命《いのち》を落《お》とした女性《じょせい》の霊《れい》が正体《しょうたい》のようだ。

お産《さん》で死《し》んだ女性《じょせい》の霊《れい》が妖怪化《ようかいか》した例《れい》では、産女《うぶめ》がいる。夜《よる》の川辺《かわべ》や道《みち》ばたで、赤《あか》ん坊《ぼう》をだいてくれと通行人《つうこうにん》にたのむ妖怪《ようかい》だ。

どうやら、この産女《うぶめ》が雪山《ゆきやま》にあらわれると、雪女《ゆきおんな》になるみたいなんだ。

もしもにそなえて覚《おぼ》えておこう！

妖怪《ようかい》データと対策《たいさく》

雪女《ゆきおんな》

出没度《しゅつぼつど》	30
出没地域《しゅつぼつちいき》の広《ひろ》さ	50
姿《すがた》の見《み》えやすさ	50
攻撃性《こうげきせい》	50
友好度《ゆうこうど》	10
対策難易度《たいさくなんいど》	20

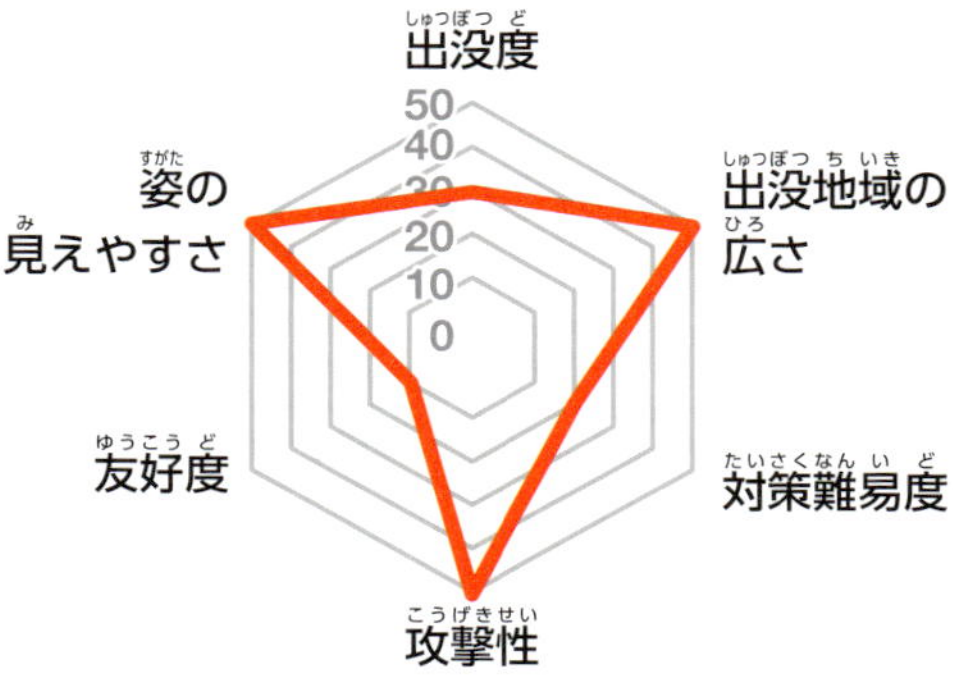

特徴《とくちょう》

別名《べつめい》　雪女郎《ゆきじょろう》（山形県《やまがたけん》、新潟県《にいがたけん》）、雪姉《ゆきあね》さ（新潟県《にいがたけん》）、雪《ゆき》オンバ（長野県《ながのけん》）、シッケンケン（長野県《ながのけん》）、雪《ゆき》バジョ（鹿児島県《かごしまけん》、宮崎県《みやざきけん》）などがある。

姿《すがた》の特徴《とくちょう》　色白《いろじろ》で髪《かみ》の長《なが》い美人《びじん》が多《おお》いけれど、白髪《しらが》の老婆《ろうば》のこともある。ときには赤《あか》ん坊《ぼう》を抱《だ》いてあらわれることも。

ふるまい　吹雪《ふぶき》の日《ひ》などに雪山《ゆきやま》にあらわれ、出会《であ》った人《ひと》に危害《きがい》をくわえる。山小屋《やまごや》にやってきて、冷気《れいき》で人《ひと》を凍死《とうし》させることもあるよ。

出没《しゅつぼつ》場所《ばしょ》・時間《じかん》

出没地域《しゅつぼつちいき》　沖縄《おきなわ》をのぞいた全《ぜん》国《こく》。

出没場所《しゅつぼつばしょ》　雪《ゆき》の降《ふ》りつもる山《やま》。雪《ゆき》が降《ふ》っていれば、人里《ひとざと》にも。

出没時間《しゅつぼつじかん》　夜《よる》が多《おお》い。吹雪《ふぶき》の日《ひ》なら昼間《ひるま》でも出《で》てくる。

対策《たいさく》はこれだ!!

◎とにかく逃《に》げること！　雪女《ゆきおんな》は、雪《ゆき》のイメージがあるからか、美人《びじん》の妖怪《ようかい》と思《おも》われている。けれども、ほとんどの雪女《ゆきおんな》は、人間《にんげん》に危《き》害《がい》を加《くわ》えるおそろしい性質《せいしつ》をしているから、美《うつく》しさにまどわされてはいけない。

岩手県《いわてけん》の雪女《ゆきおんな》は、出会《であ》っただけで精気《せいき》をうばわれるというし、宮城県《みやぎけん》の猟師《りょうし》が伝《つた》える話《はなし》では、雪女《ゆきおんな》は目《め》を合《あ》わせただけでおそってくるので、出会《であ》ったら目《め》をあわせずに、逃《に》げるしかないというよ。

とにかく、雪山《ゆきやま》であやしい美人《びじん》を見《み》かけたら、すぐにその場《ば》から逃《に》げ出《だ》すことが、一番《いちばん》の対策《たいさく》になるようだ。

有効《ゆうこう》なアイテム

使《つか》い捨《す》てカイロ　使《つか》い捨《す》てカイロを体《からだ》にはっておけば、冬《ふゆ》の山小屋《やまごや》やキャンプ場《じょう》で雪女《ゆきおんな》におそわれても、寒《さむ》くてがまんできないということはなさそうだよ。

子《こ》どもを人《ひと》にあずける雪女《ゆきおんな》

子《こ》どもを抱《だ》いてあらわれる雪女《ゆきおんな》の話《はなし》は、東北地方《とうほくちほう》でよく語《かた》られていたよ。

とくに青森県《あおもりけん》の津軽地方《つがるちほう》では、夜道《よみち》で雪女《ゆきおんな》に出会《であ》うことが多《おお》かった。

そのときの雪女《ゆきおんな》は、なぜか子《こ》どもを渡《わた》してきて、しばらく抱《だ》いていてほしいといってくるという。

そのまま抱《だ》いてしまうと、赤《あか》ん坊《ぼう》はどんどんと大《おお》きくなって、しまいには押《お》しつぶされてしまう。

とはいえ、雪女《ゆきおんな》のたのみをことわっても、その人《ひと》は死《し》んでしまうというからやっかいだ。

そのため、津軽《つがる》の人《ひと》たちは、雪女《ゆきおんな》から赤《あか》ん坊《ぼう》をあずかるときは、赤《あか》ん坊《ぼう》が大《おお》きくならないように工夫《くふう》をしてから抱《だ》いてやった。

たとえば、両手《りょうて》で赤《あか》ん坊《ぼう》を抱《だ》くとき、男性《だんせい》なら口《くち》に短刀《たんとう》をくわえ、女性《じょせい》なら櫛《くし》を口《くち》にくわえて、刃《は》や櫛《くし》が赤《あか》ん坊《ぼう》の頭《あたま》すれすれのところにしておくと、それ以上《いじょう》赤《あか》ん坊《ぼう》は大《おお》きくならないそうだ。

こうしてなんとか赤《あか》ん坊《ぼう》をあずかっていると、雪女《ゆきおんな》はお礼《れい》として、さまざまな宝物《たからもの》や、大力《たいりき》をさずけてくれる。

雪女《ゆきおんな》にも、いろいろな種類《しゅるい》があるんだね。

餓鬼《がき》

山道《やまみち》などで、そっと人間《にんげん》に取《と》り憑《つ》く妖怪《ようかい》・餓鬼《がき》。取《と》り憑《つ》かれると、急《きゅう》にお腹《なか》がすいて、体《からだ》が動《うご》かなくなるという！　そんなときは、どうすればいいんだろう!?

餓鬼《がき》

ケース7　都内《とない》に住《す》むOさんの体験談《たいけんだん》

自転車旅行《じてんしゃりょこう》が趣味《しゅみ》のOさんという男性《だんせい》は、こんな体験《たいけん》をしたそうだ。

それは、ある年《とし》の夏《なつ》、泊《と》まりがけの自転車旅行《じてんしゃりょこう》に行《い》ったときのことだという。

早朝《そうちょう》には自宅《じたく》を出発《しゅっぱつ》して、夕方《ゆうがた》には目的地《もくてきち》のY県《けん》にとうちゃく。

けれども、予約《よやく》をしたキャンプ場《じょう》はまだもう少《すこ》し先《さき》で、峠《とうげ》をこえなくてはならない。

坂道《さかみち》がつらくなったOさんは、自転車《じてんしゃ》を押《お》して、上《のぼ》りはじめた。

いつしかあたりはまっ暗《くら》。

のどがかわくし、お腹《なか》もすいた……。
がまんをしながら、必死《ひっし》に坂道《さかみち》を上《のぼ》っていたOさんだったけれど、突《とっ》然《ぜん》、体《からだ》に異変《いへん》が！
それは、はげしい空腹感《くうふくかん》。
同時《どうじ》に、全身《ぜんしん》の力《ちから》が抜《ぬ》けて、ヘナヘナと自転車《じてんしゃ》ごと、倒《たお》れてしまったんだ！

立《た》ち上《あ》がろうにも、力《ちから》が入《はい》らずに動《うご》けない。

あまりにも強《つよ》い空腹感《くうふくかん》に、このまま死《し》ぬのではないかという、恐怖感《きょうふかん》がわきおこる。

道《みち》ばたでうめいているうち、バッグに飴《あめ》があるのに気《き》づいて、なんとか口《くち》に入《い》れた。

すると、たちまち力《ちから》がわいてきて、数分後《すうふんご》には、何事《なにごと》もなかったように元気《げんき》になったという。

「あれが伝説《でんせつ》なんかでいう〝餓鬼憑《がきつ》き〟なんでしょうね。本当《ほんとう》に腹《はら》が減《へ》りすぎて、まったく動《うご》けなくなるんですよ」

というOさん。

その後《ご》はとくにおかしなこともおこらず、無事《ぶじ》にキャンプを楽《たの》しんだんということなんだ。

餓《が》鬼《き》ってどんな妖《よう》怪《かい》？

餓鬼《がき》とは、仏教《ぶっきょう》でいう六道《りくどう》（仏教《ぶっきょう》では、死《し》んだ人《ひと》の魂《たましい》は、天道《てんどう》、人間道《にんげんどう》、修羅道《しゅらどう》、畜生道《ちくしょうどう》、餓鬼道《がきどう》、地獄道《じごくどう》のどれかの世界《せかい》に生《う》まれ変《か》わるといわれる）のうち、餓鬼道《がきどう》にいる亡者《もうじゃ》のこと。でも、伝説《でんせつ》などでは、道《みち》ばたで死《し》んだ人《ひと》の霊《れい》や、供養《くよう》されないでいる悪霊《あくりょう》を餓鬼《がき》といっているよ。

姿《すがた》は見《み》えないけれど、山道《やまみち》などの道《みち》ばたにいて、人《ひと》に取《と》り憑《つ》く。取《と》り憑《つ》かれた人《ひと》は、急《きゅう》にお腹《なか》がすいて、動《うご》けなくなってしまうんだ。

じつは、登山《とざん》やサイクリングなど、長時間《ちょうじかん》の運動《うんどう》を続《つづ》けると、餓鬼憑《がきつ》きと同《おな》じ状態《じょうたい》になることが分《わ》かっている。スポーツ界《かい》では、これをハンガーノックという。ようは肉体《にくたい》のエネルギー切《ぎ》れで、血液中《けつえきちゅう》の糖分《とうぶん》が不足《ふそく》した状態《じょうたい》なのだという。なので、ごはんや飴《あめ》などで糖分《とうぶん》を補給《ほきゅう》すれば、短時間《たんじかん》で回復《かいふく》するんだ。餓鬼憑《がきつ》きの正体《しょうたい》や、Oさんの体験《たいけん》した現象《げんしょう》は、きっとハンガーノックなんだろうね！

もしもにそなえて覚《おぼ》えておこう！

妖《よう》怪《かい》データと対《たい》策《さく》

餓《が》鬼《き》

出没度《しゅつぼつど》	40
出没地域《しゅつぼつちいき》の広《ひろ》さ	50
姿《すがた》の見《み》えやすさ	0
攻撃性《こうげきせい》	50
友好度《ゆうこうど》	0
対策難易度《たいさくなんいど》	50

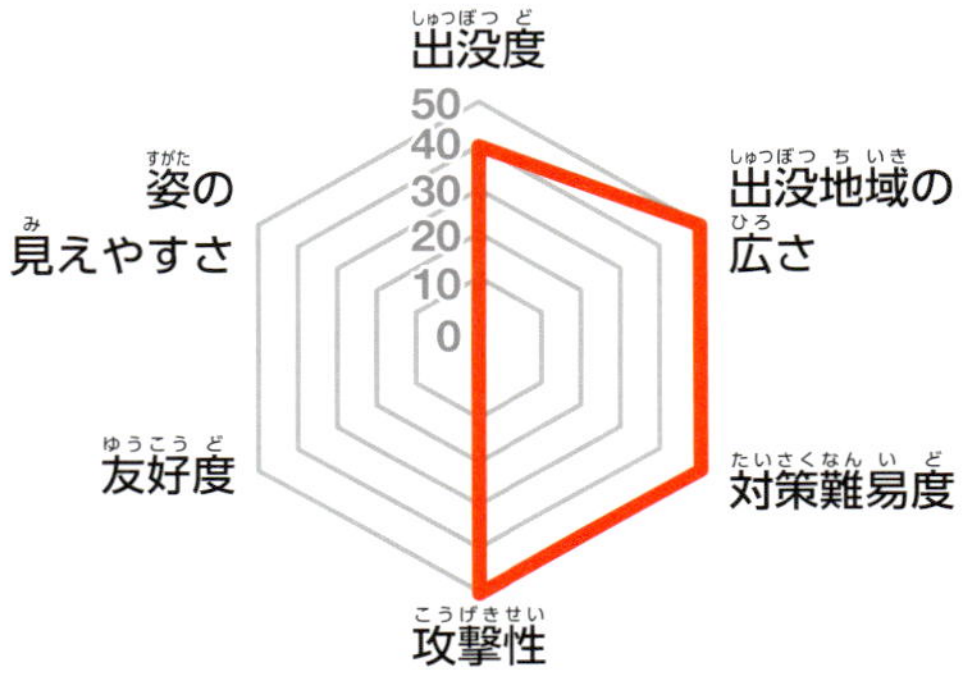

特《とく》徴《ちょう》

別名《べつめい》　ヒダル神《かみ》（西日本地方《にしにほんちほう》）、クワン（高知県《こうちけん》）、食取《じきと》り（愛媛県《えひめけん》）、ひもじい様《さま》（山口県《やまぐちけん》）、ダラシ（福岡県《ふくおかけん》）、ヒムシ（大分県《おおいたけん》）など。

姿《すがた》の特徴《とくちょう》　餓鬼《がき》そのものは腹《はら》が異様《いよう》にふくらんだ亡者《もうじゃ》の姿《すがた》をしているけれど、人《ひと》に取《と》り憑《つ》くときの姿《すがた》は見《み》えない。

ふるまい　姿《すがた》を見《み》せずに人《ひと》に取《と》り憑《つ》いて、急《きゅう》な空腹感《くうふくかん》をおぼえさせる。餓鬼《がき》に取《と》り憑《つ》かれた人《ひと》は、あまりの空腹《くうふく》から倒《たお》れてしまう。

出没場所《しゅつぼつばしょ》・時間《じかん》

出没地域《しゅつぼつちいき》　全国各地《ぜんこくかくち》。

出没場所《しゅつぼつばしょ》　山《やま》を中心《ちゅうしん》に、野原《のはら》や海辺《うみべ》でも取《と》り憑《つ》くことがある。

出没時間《しゅつぼつじかん》　昼《ひる》も夜《よる》も関係《かんけい》なく出現《しゅつげん》するようだ。

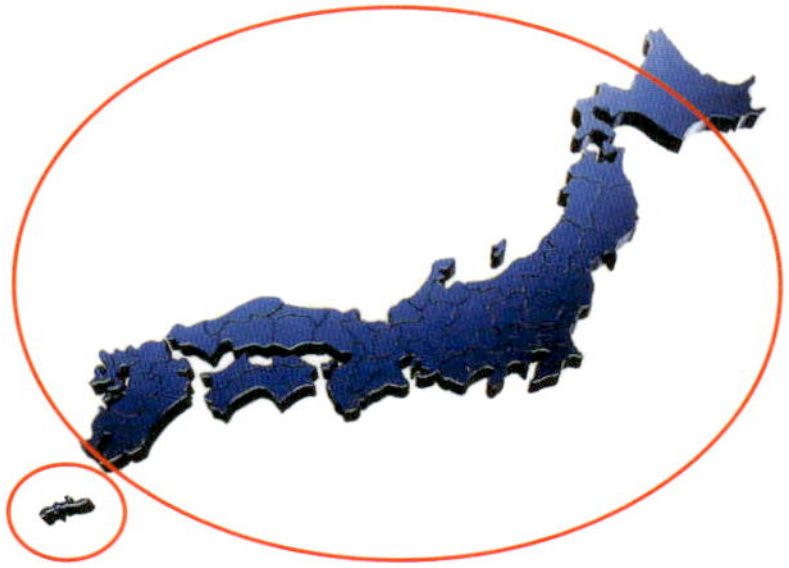

対策《たいさく》はこれだ!!

◎餓鬼《がき》に取《と》り憑《つ》かれたら　病気《びょうき》でもなんでもないのに、いきなりはげしい空腹《くうふく》におそわれて、動《うご》けなくなったら、それは餓鬼《がき》に取《と》り憑《つ》かれた可能性《かのうせい》がある。そんなときは、どんなに少《すく》なくてもいいから、食《た》べ物《もの》を食《た》べると、餓鬼《がき》は満足《まんぞく》して離《はな》れていくという。

そのため、餓鬼憑《がきつ》きの話《はなし》が伝《つた》わる地方《ちほう》では、お昼《ひる》に食《た》べる弁当《べんとう》は、かならず少《すこ》し残《のこ》すものだといわれていた。

◎食《た》べ物《もの》がなくても　手《て》のひらに、米《こめ》という字《じ》を書《か》いて、それをなめるという方法《ほうほう》も、効果《こうか》があるそうだ。

有効《ゆうこう》なアイテム

飴《あめ》　長時間《ちょうじかん》の山歩《やまある》きやサイクリングを楽《たの》しむときは、餓鬼《がき》に取《と》り憑《つ》かれたときのために、飴《あめ》を用意《ようい》しておこう。数《すう》個《こ》くらいなら荷物《にもつ》にならずにすむよ。

餓鬼《がき》に取《と》り憑《つ》かれやすい場所《ばしょ》

神奈川県《かながわけん》のヤビツ峠《とうげ》や、和歌山県《わかやまけん》の雲取越《くもとりご》えなど、餓鬼《がき》に取《と》り憑《つ》かれやすい場所《ばしょ》が、昔《むかし》はあちこちにあった。新潟県《にいがたけん》の平野部《へいやぶ》にも、餓鬼《がき》で有名《ゆうめい》な場所《ばしょ》があったんだよ。それが新潟市秋葉区新津東町《にいがたしあきばくにいつひがしちょう》にある餓鬼地蔵《がきじぞう》なんだ。

大昔《おおむかしきょうさく》、凶作で飢《う》え死《じ》にしたたくさんの人《ひと》の死体《したい》をうめたところで、餓鬼地蔵《がきじぞう》は、供養《くよう》のために建《た》てられたものだった。ところが、地蔵《じぞう》の近《ちか》くを通《とお》ると、はげしい空腹《くうふく》感《かん》におそわれて、倒《たお》れる人《ひと》が続出《ぞくしゅつ》。飢《う》え死《じ》にした人《ひと》の霊《れい》が餓鬼《がき》となり、通行人《つうこうにん》に取《と》り憑《つ》いていたんだ。

餓鬼《がき》に憑《つ》かれた人《ひと》を見《み》つけた村人《むらびと》は、具《ぐ》のないうすい味噌汁《みそしる》を飲《の》ませたあと、重湯《おもゆ》、粥《かゆ》と、少《すこ》しずつ食《た》べ物《もの》をあげた。そうしないと長《なが》く寝《ね》こむことになるんだって。

その後《ご》、餓鬼《がき》のための供養塔《くようとう》を建《た》ててからは、もう餓鬼《がき》憑《つ》きになやまされる人《ひと》も、いなくなったということなんだ。

二体並《にたいなら》んだ餓鬼地蔵《がきじぞう》。今《いま》は近《ちか》くに行《い》っても餓鬼《がき》に取《と》り憑《つ》かれることはないみたいだよ。

釣瓶火《つるべび》

雨《あめ》降《ふ》りの夜《よる》、青白《あおじろ》い火《ひ》が木《き》の下《した》に灯《とも》る。
それだけでもぶきみなのに、まるで井戸《いど》の釣瓶《つるべ》のように、
上《うえ》へ下《した》へと動《うご》くのを見《み》た人《ひと》がいるんだ！

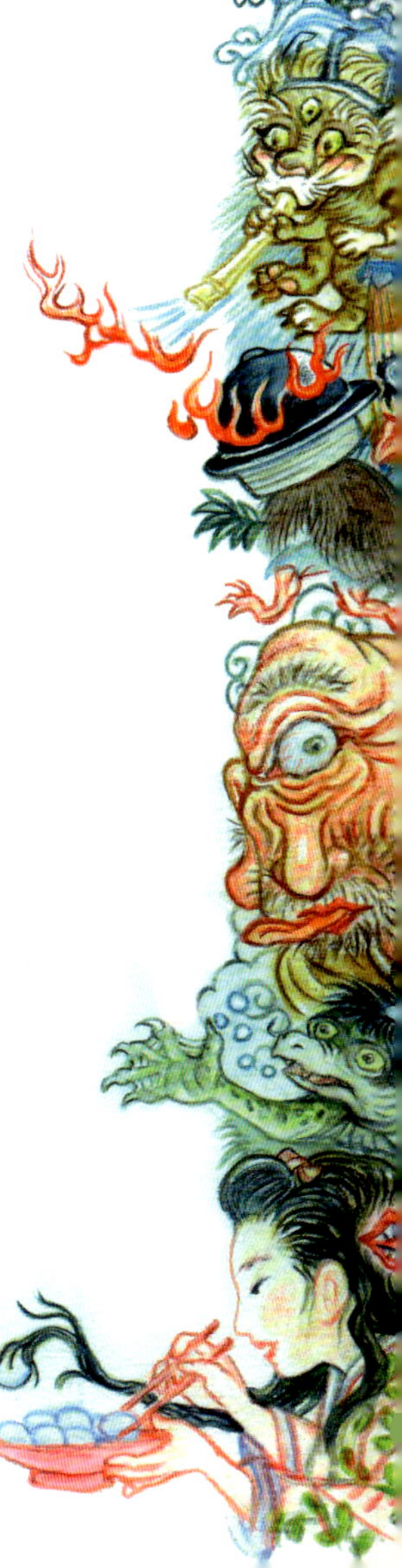

釣瓶火

つるべび

ケース8　関東《かんとう》のPさんの体験談《たいけんだん》

今《いま》から十数年前《じゅうすうねんまえ》の春《はる》、Pさんは不思議《ふしぎ》な火《ひ》の玉《たま》を見《み》たというよ。

それは、関東《かんとう》のとある渓谷《けいこく》に、男《おとこ》だけ四人《よにん》でキャンプにいったときのこと。

夕方《ゆうがた》からの雨《あめ》で、楽《たの》しみにしていた焚《た》き火《び》が出来《でき》ないPさんたちは、バンガローでお酒《さけ》をのんでいた。

やがて真夜中《まよなか》。

寝《ね》る前《まえ》にトイレへ行《い》こうと、Pさんたちは懐中電灯《かいちゅうでんとう》を片手《かたて》に、管理棟《かんりとう》の方《ほう》へと向《む》かった。

すると、とちゅうの森《もり》の木《き》の下《した》に、ぼんやりとした青白《あおじろ》い光《ひかり》が……。

いっしゅん、ほかの泊《と》まり客《きゃく》のヘッドライトかと思《おも》ったPさん。

でも、その光《ひかり》はするすると木《き》の上《うえ》に上《のぼ》り、そうかと思《おも》うと、今度《こんど》はゆっくりと下《さ》がって、ふたたびするすると上《のぼ》りはじめたんだ！

「なんだあれ……」

「人魂《ひとだま》か？」

ためしに懐中電灯《かいちゅうでんとう》で照《て》らすと、ただ木《き》があるだけ。

明《あ》かりを消《け》すと、また、雨《あめ》の中《なか》で青白《あおじろ》く光《ひか》りだす。

みんなさわぎはしないけれど、顔色《かおいろ》が変《か》わるのが夜《よる》でも分《わ》かった。

そこで、Ｐさんたちはトイレをそのへんですませると、なにもいわずに、寝《ね》てしまったんだって。

翌朝《よくあさ》、雨上《あめあ》がりの森《もり》を見《み》てみたけれど、けっきょく、光《ひかり》の正体《しょうたい》は分《わ》からずじまいだったそうだ。

「火《ひ》の玉《たま》とはいっても、メラメラ燃《も》えるようなものじゃなくて、ボンヤリと青白《あおじろ》く光《ひか》る玉《たま》のようなものなんです。それがゆっくりと上下運動《じょうげうんどう》していて……」

というＰさん。

とにかく気味《きみ》の悪《わる》い光《ひかり》だったそうだよ！

釣瓶火《つるべび》ってどんな妖怪《ようかい》？

釣瓶火《つるべび》というのは、大木《たいぼく》の枝《えだ》の下《した》にあらわれる怪《あや》しい火《ひ》のこと。妖怪《ようかい》とはいってもただ燃《も》えているだけで、まるで井戸《いど》の水《みず》をくみ上《あ》げる釣瓶《つるべ》のように、上《のぼ》ったり下《お》りたりすることから、釣瓶火《つるべび》とよばれるんだよ。

江戸時代《えどじだい》には、釣瓶《つるべ》おろしともよばれていたようで、『古今百物語評判《ここんひゃくものがたりひょうばん》』という本《ほん》には、今《いま》の京都市右京区西院《きょうとしうきょうくさいいん》に出《で》た話《はなし》が書《か》かれている。Pさんの体験談《たいけんだん》のように、釣瓶火《つるべび》を見《み》た人《ひと》がびっくりしただけの話《はなし》なんだけれど、話《はなし》のあとに、釣瓶火《つるべび》は陰火《いんか》の一種《いっしゅ》だと解説《かいせつ》されているんだ。

陰火《いんか》とはなにかというと……。江戸時代《えどじだい》の百科事典《ひゃっかじてん》である『和漢三才図会《わかんさんさいずえ》』によれば、「火《ひ》には陽火《ようか》と陰火《いんか》があるという。陽火《ようか》はふつうの火《ひ》のこと。そして、陰火《いんか》は青白《あおじろ》い炎《ほのお》の火《ひ》で、さわっても熱《あつ》くなく、水《みず》をかけるとますます燃《も》える、不思議《ふしぎ》な性質《せいしつ》がある」なんて書《か》かれている。

釣瓶火《つるべび》が雨《あめ》でも消《き》えずにあらわれるのは、陰火《いんか》の一種《いっしゅ》だからなんだね。

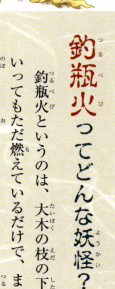

もしもにそなえて覚《おぼ》えておこう！

妖《よう》怪《かい》データと対《たい》策《さく》

釣《つる》瓶《べ》火《び》

出没度《しゅつぼつど》	20
出没地域《しゅつぼつちいき》の広《ひろ》さ	30
姿《すがた》の見《み》えやすさ	50
攻撃性《こうげきせい》	10
友好度《ゆうこうど》	0
対策難易度《たいさくなんいど》	10

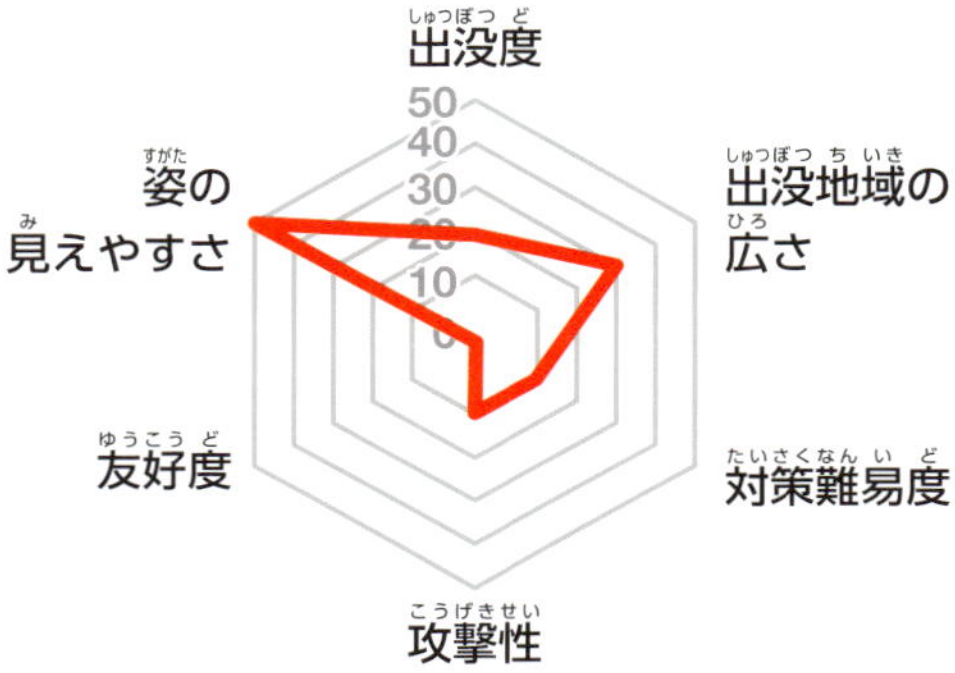

特《とく》徴《ちょう》

別名《べつめい》　釣瓶《つるべ》おろし（『古今百物語評判《ここんひゃくものがたりひょうばん》』）。

姿《すがた》の特徴《とくちょう》　青白《あおじろ》く光《ひか》る毬《まり》くらいの大《おお》きさの火《ひ》の玉《たま》。江戸時《えどじ》代《だい》の絵《え》では、火《ひ》の中《なか》に人《ひと》の顔《かお》のようなものが描《えが》かれている。

ふるまい　雨《あめ》の日《ひ》などに木《き》の下《した》へぶら下《さ》がる。それ以外《いがい》のことはよく分《わ》からない。

出没場所《しゅつぼつばしょ》・時間《じかん》

出没地域《しゅつぼつちいき》　近畿地方《きんきちほう》。今《いま》の京都府《とふ》京都市《きょうとし》右京区《うきょうく》西院《さいいん》に出《で》た記録《きろく》がある。

出没場所《しゅつぼつばしょ》　山《やま》や大《おお》きな木《き》が何《なん》本《ぼん》も生《は》えている森《もり》。

出没時間《しゅつぼつじかん》　夕方《ゆうがた》から明《あ》け方《がた》の暗《くら》い時間帯《じかんたい》。

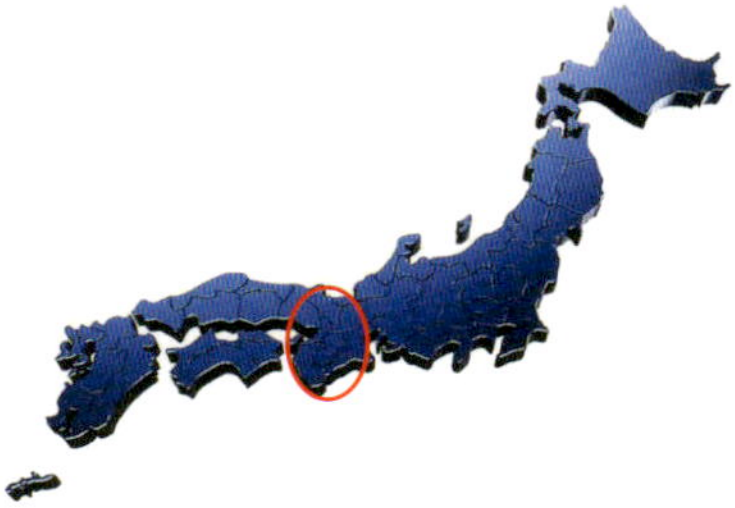

対策《たいさく》はこれだ!!

◎もしかしたらという心構《こころがま》え　釣瓶火《つるべび》は、ただぼんやりと光《ひか》っているだけなので、ほかの妖怪《ようかい》のようにイタズラされることはない。ただ、見《み》たときにびっくりするとか、気味《きみ》の悪《わる》い気持《きも》ちになることはたしかだ。

　なので、雨《あめ》が降《ふ》る日《ひ》に夜《よる》の森《もり》に入《はい》ったら、〝もしかしたら、怪《あや》しい火《ひ》がともっているかもしれない〟という心構《こころがま》えでいよう。そうすれば、いきなり出会《であ》っても、びっくりしないですむだろう。

◎むやみに近《ちか》よらない　陰火《いんか》は熱《あつ》くはないというものの、どんな害《がい》があるかはまったく不明《ふめい》。むやみに近《ちか》よらないほうが安全《あんぜん》だ。

有効《ゆうこう》なアイテム

ヘッドライト　釣瓶火《つるべび》への対策《たいさく》アイテムはとくにない。出会《であ》ったときに逃《に》げやすいよう、キャンプなどで使《つか》うヘッドライトがあるといいかも。

釣瓶火《つるべび》の正体《しょうたい》は雷《かみなり》の一種《いっしゅ》？

あまりしられていないけれど、ボールライトニング——日本語《にほんご》に訳《やく》すと、球電《きゅうでん》という自然現象《しぜんげんしょう》がある。

雷雨《らいう》のときなどに、球状《きゅうじょう》の光《ひかり》の玉《たま》が、ふわふわと空中《くうちゅう》をただよったり、電線《でんせん》や木《き》にそって移動《いどう》したりするというんだ。

目撃者《もくげきしゃ》によると、大《おお》きさは二十《にじゅっ》センチから三十《さんじゅっ》センチというのが多《おお》く、大《おお》きいものでは一《いち》メートルくらい。

色《いろ》は、オレンジや赤《あか》、青白《あおじろ》い光《ひかり》なんて、いろいろなパターンがあるみたいだよ。

そんな光《ひかり》の球《たま》が、数秒《すうびょう》から数分間《すうふんかん》だけあらわれて、消《き》えてしまう。

雷《かみなり》の放電現象《ほうでんげんしょう》の一種《いっしゅ》といわれているけれど、どうしてそんなことがおこるのか、まだ謎《なぞ》だらけ。

もしかしたら、京都《きょうと》の釣瓶《つるべ》おろしや、Ｐさんが見《み》た発光体《はっこうたい》は、この球電《きゅうでん》である可能性《かのうせい》もあるね。

本当《ほんとう》に球電《きゅうでん》だとしたら、消《き》えるときに爆発《ばくはつ》して、近《ちか》くにいるとやけどをすることがあるというから、おそろしいよ！

自然界《しぜんかい》には、科学《かがく》ではまだ解明《かいめい》しきれない、不思議《ふしぎ》なことがあるんだね！

キミたちの家《いえ》のまわりにいるかも!?

県別《けんべつ》

「山《やま》にあらわれる妖怪《ようかい》」一覧《いちらん》

◎北海道《ほっかいどう》・東北地方《とうほくちほう》

・**イペカリオヤシ**（**北海道《ほっかいどう》**） 山野《さんや》で焚《た》き火《び》をしながら食《た》べ物《もの》を食《た》べているとき、背後《はいご》から手《て》だけを出《だ》して食《た》べ物《もの》をねだる妖怪《ようかい》。

・**キムンアイヌ**（**北海道《ほっかいどう》**） 山男《やまおとこ》のような妖怪《ようかい》で、名前《なまえ》は山《やま》の人《ひと》という意味《いみ》。タバコが大好《だいす》きなので、タバコをあげると山仕事《やましごと》を手伝《てつだ》ってくれる。

・**大人**（**おおひと**／**青森県《あおもりけん》**） 津軽《つがる》の岩木山《いわきさん》にいた鬼《おに》のなかま。こわい鬼《おに》だけれど、酒《さけ》や食《た》べ物《もの》をあげると農耕《のうこう》の手伝《てつだ》いをするなど、友好的《ゆうこうてき》な部分《ぶぶん》もある。

・**巳の子**（**みのこ**／**青森県《あおもりけん》**） 津軽地方《つがるちほう》でいう雪女《ゆきおんな》。大晦日《おおみそか》の夜《よる》に天《てん》から降《お》りてきて、翌年《よくとし》の巳《み》の日《ひ》になるとまた天《てん》に帰《かえ》るので、巳《み》の子《こ》という。

・**フッタチ**（**岩手県《いわてけん》**） 年《とし》を取《と》ってあやしい能力《のうりょく》を持《も》つようになった動物《どうぶつ》のこと。猿《さる》のフッタチや犬《いぬ》（狼《おおかみ》）のフッタチ、雄鶏《おんどり》のフッタチがいる。

・**迷い家**（**まよいが**／**岩手県《いわてけん》**） 山《やま》の中《なか》にとつぜんあらわれるまぼろしの家《いえ》。その家《いえ》を見《み》た人《ひと》は、なんでもいいのでその家《いえ》からものを持《も》ち帰《かえ》ると、一生裕福《いっしょうゆうふく》に暮《く》らせる。

・**化け猫**（**ばけねこ**／**宮城県《みやぎけん》**） 石巻市《いしのまきし》の田代島《たしろじま》や網地島《あじしま》の猫《ねこ》は、ときおり人《ひと》に化《ば》けて本土《ほんど》に買《か》い物《もの》に行《い》くことがある。

・**雪ばんば**（**ゆきばんば**／**宮城県《みやぎけん》**） 仙台地方《せんだいちほう》では、雪《ゆき》の降《ふ》る日《ひ》に一人《ひとり》で山《やま》を歩《ある》くと、白《しろ》い怪物《かいぶつ》に出会《であ》うという。その怪物《かいぶつ》を雪《ゆき》ばんばといっている。雪女《ゆきおんな》のなかまと思《おも》われる。

・**小玉鼠**（**こだまねずみ**／**秋田県《あきたけん》**） 北秋田郡《きたあきたぐん》の雪山《ゆきやま》でいう、山《やま》の神《かみ》のきげんが悪《わる》いときにあらわれる小《ちい》さな鼠《ねずみ》。背中《せなか》から破裂《はれつ》してパンッと音《おと》を鳴《な》らす。

・**三吉鬼**（**さんきちおに**／**秋田県《あきたけん》**） 秋田市《あきたし》と上小阿仁村《かみこあにむら》にまたがる太平山《たいへいざん》の神《かみ》さまが、ときおり人《ひと》の姿《すがた》となって里《さと》に下《お》りる。人《ひと》の姿《すがた》になったときの神《かみ》さまのことを三吉鬼《さんきちおに》という。相撲《すもう》が大好《だいす》き。

・**天狗**（てんぐ／山形県《やまがたけん》）県内各地《けんないかくち》に出没《しゅつぼつ》。とくに出羽三山《でわさんざん》の羽黒山《はぐろさん》には、三光坊《さんこうぼう》という天狗《てんぐ》の親分《おやぶん》がいて、多《おお》くの子分《こぶん》をしたがえている。

・**雪女郎**（ゆきじょろう／山形県《やまがたけん》）あちこちの山《やま》に出現《しゅつげん》。小国町《おぐにちょう》の雪女郎《ゆきじょろう》は、もとは月世界《げっせかい》の姫《ひめ》だったけれど、天上世界《てんじょうせかい》にたいくつして、雪《ゆき》といっしょに舞《ま》い降《お》りたのだという。

・**鑵子転ばし**（かんすころばし／福島県《ふくしまけん》）山《やま》の上《うえ》にいる妖怪《ようかい》で、夜《よる》、山道《やまみち》を歩《ある》く人《ひと》がいると、鑵子《かんす》（湯《ゆ》を沸《わ》かす道具《どうぐ》）を転《ころ》がしておどろかす。

・**猫又**（ねこまた／福島県《ふくしまけん》）会津《あいづ》の猫魔《ねこま》ヶ岳《がたけ》に出現《しゅつげん》。人間《にんげん》に化《ば》けて、山《やま》に来《く》る人《ひと》や、山仕事《やましごと》をする人《ひと》たちを悩《なや》ませた。

◎関東地方《かんとうちほう》

・**アマンジャク**（茨城県《いばらきけん》）茨城《いばらき》の天邪鬼《あまのじゃく》は、山彦《やまびこ》と同《おな》じように、山《やま》でさけぶ人《ひと》の声《こえ》をまねして返《かえ》すという。

・**天狗**（てんぐ／茨城県《いばらきけん》）県内各地《けんないかくち》に出没《しゅつぼつ》。とくに岩間山《いわまやま》ともよばれた笠間市《かさまし》の愛宕山《あたごやま》には、たくさんの天狗《てんぐ》がすみつき、ときおり人《にん》をさらうことがある。

・**天狗**（てんぐ／栃木県《とちぎけん》）鹿沼市《かぬまし》の古峰《ふるみね》ヶ原《がはら》の天狗《てんぐ》たちは、十五夜《じゅうごや》になると、天狗《てんぐ》の庭《にわ》という場所《ばしょ》で宴会《えんかい》をした。

・**雷獣**（らいじゅう／栃木県《とちぎけん》）雷《かみなり》の多《おお》い栃木県《とちぎけん》には、雷《かみなり》とともに天《てん》からかけ下《お》りる雷獣《らいじゅう》が多《おお》くいた。那須《なす》烏山市《からすやまし》の雷獣《らいじゅう》は、鼬《いたち》よりも大《おお》きい鼠《ねずみ》のような姿《すがた》だという。

・**オボ**（群馬県《ぐんまけん》）沼田市利根町《ぬまたしとねまち》の山中《さんちゅう》で、赤《あか》ん坊《ぼう》のような声《こえ》で泣《な》いたり、山道《やまみち》を行《い》く人《ひと》の足《あし》にまとわりついたりする。鼬《いたち》が化《ば》けたもののように伝《つた》わっている。

・**天狗**（てんぐ／群馬県《ぐんまけん》）沼田市《ぬまたし》やみなかみ町《まち》あたりの天狗《てんぐ》は、山《やま》の中《なか》の作業小屋《さぎょうごや》で飯《めし》を炊《た》いているとき、巨大《きょだい》な手《て》だけをあらわして食《た》べ物《もの》をうばうことがあった。

・**山姥**（やまんば／埼玉県《さいたまけん》）秩父《ちちぶ》の武甲山《ぶこうざん》には昔《むかし》、山姥《やまんば》がいて、人々《ひとびと》に悪《わる》さを働《はたら》いたが、行基菩薩《ぎょうきぼさつ》に退治《たいじ》された。その山姥《やまんば》の歯《は》は、今《いま》も卜雲寺《ぼくうんじ》という寺《てら》にある。

・**テンゴウ**（**埼玉県《さいたまけん》**）　埼玉県西部《さいたまけんせいぶ》や秩父地方《ちちぶちほう》では、天狗《てんぐ》のことをテンゴウという。人《ひと》をさらったり、山《やま》であやしい物音《ものおと》を立《た》てたりした話《はなし》があちこちにある。

・**かぶきり小僧**（**かぶきりこぞう**／**千葉県《ちばけん》**）　千葉県北部《ちばけんほくぶ》や茨城県南部《いばらきけんなんぶ》に出現《しゅつげん》。さびしい山道《やまみち》や夜道《よみち》におかっぱ頭《あたま》の小僧《こぞう》が出《で》て来《き》て「水飲《みずの》め、茶飲《ちゃの》め」という。

・**つんつん様**（**つんつんさま**／**千葉県《ちばけん》**）　南房総市増間《みなみぼうそうしますま》の山《やま》に出現《しゅつげん》。夕方《ゆうがた》、トリゴエという場所《ばしょ》を通《とお》りすぎる魔物《まもの》。目《め》には見《み》えないのに、家畜《かちく》の牛《うし》はこわがる。

・**オゴメ**（**東京都《とうきょうと》**）　三宅島《みやけじま》でいう妖怪《ようかい》。姿《すがた》は見《み》せずに、高《たか》い木《き》の上《うえ》で赤《あか》ん坊《ぼう》のように泣《な》いたり、オゴメ笑《わら》いといって、きみょうな笑《わら》い声《ごえ》を立《た》てたりする。

・**テッジ**（**東京都《とうきょうと》**）　八丈島《はちじょうじま》の山《やま》にいる、山姥《やまんば》のような妖怪《ようかい》。長《なが》い乳房《ちぶさ》をたすきのようにかついでいる。悪《わる》さもするが、山《やま》で迷子《まいご》になった子《こ》どもを保護《ほご》することもある。

・**後追い小僧**（**あとおいこぞう**／**神奈川県《かながわけん》**）　丹沢山中《たんざわさんちゅう》でいう妖怪《ようかい》。人《ひと》の後《うし》ろをついてくるが、姿《すがた》ははっきりとは見《み》えない。食《た》べ物《もの》を置《お》けばもうついてこなくなる。

・**見上げ坊主**（**みあげぼうず**／**神奈川県《かながわけん》**）　山道《やまみち》にあらわれる大《おお》きな坊主《ぼうず》。見上《みあ》げると大《おお》きくなり、見下《みさ》げると小《ちい》さくなる。

◎中部地方《ちゅうぶちほう》

・**オーイオーイ**（**新潟県《にいがたけん》**）　雨降《あめふ》りの夜《よる》、三条市《さんじょうし》の吉野屋《よしのや》から長嶺《ながみね》に向《む》かう山道《やまみち》を通《とお》ると「オーイオーイ」という声《こえ》が聞《き》こえる。近《ちか》くに埋葬《まいそう》された武士《ぶし》たちの声《こえ》だという。

・**雪女**（**ゆきおんな**／**新潟県《にいがたけん》**）　雪女《ゆきおんな》の足跡《あしあと》には血《ち》が点々《てんてん》とついていて、そのあとをつけて雪女《ゆきおんな》に出会《であ》ってしまったら、かならず殺《ころ》されてしまう。

・**猫又**（**ねこまた**／**富山県《とやまけん》**）　毛勝三山《けかちさんざん》の一《ひと》つ・猫又山《ねこまたやま》には、猫又《ねこまた》がすみついていたそうで、人《ひと》をおそった話《はなし》が伝《つた》わっている。

- **雪入道（ゆきにゅうどう／富山県《とやまけん》）** 雪《ゆき》の降《ふ》る夜《よる》の明《あ》け方《がた》にあらわれる妖怪《ようかい》。目《め》が一《ひと》つで、足《あし》が一本《いっぽん》しかない大入道《おおにゅうどう》なのだという。
- **送り狼（おくりおおかみ／石川県《いしかわけん》）** 夜《よる》の山道《やまみち》で一匹《いっぴき》の狼《おおかみ》がずっと後《あと》をついてくる。転《ころ》べばおそわれるけれど、転《ころ》ばなければとくに害《がい》はない。
- **槌の子（つちのこ／石川県《いしかわけん》）** 藁《わら》を打《う》つときに使《つか》う木槌《きづち》の形《かたち》によく似《に》た蛇《へび》。金沢市《かなざわし》の小姓町《こしょうまち》にあった槌子《つちのこ》坂《ざか》は、人《ひと》が通《とお》ると槌《つち》の子《こ》がコロコロと転《ころ》がり出《で》た場所《ばしょ》だという。
- **狸（たぬき／福井県《ふくいけん》）** 県内《けんない》の各地《かくち》に出没《しゅつぼつ》。おおい町名田庄《まちなたしょう》あたりでは、狸《たぬき》はよく坊主《ぼうず》に化《ば》けるといわれ、狐《きつね》は女性《じょせい》に化《ば》けるという。
- **天狗（てんぐ／福井県《ふくいけん》）** 福井市《ふくいし》では、天狗《てんぐ》が屋根《やね》の上《うえ》にあらわれて、人《ひと》をさらうことがあるので、軒下《のきした》を歩《ある》いてはいけないと、いましめられた。
- **糸取り狢（いととりむじな／山梨県《やまなしけん》）** 南《みなみ》アルプスの鳳凰山《ほうおうざん》の山小屋《やまごや》にあらわれる。老婆《ろうば》に化《ば》けた狢《むじな》が、山小屋《やまごや》の中《なか》で糸《いと》取《ど》り車《くるま》を回《まわ》して、人《ひと》をおどろかす。
- **頬撫で（ほおなで／山梨県《やまなしけん》）** 道志村大羽根《どうしむらだいばね》あたりの小道《こみち》を夜《よる》になってから通《とお》ると、暗《くら》やみから青白《あおじろ》い手《て》が出《で》てほっぺたをなでる。
- **雪降り婆（ゆきふりばばあ／長野県《ながのけん》）** 諏訪地方《すわちほう》でいう雪女《ゆきおんな》。出会《であ》った人間《にんげん》をつかまえて、ひもでしばって連《つ》れさっていく。
- **ミソカヨー（長野県《ながのけん》）** 南佐久郡《みなみさくぐん》では大晦日《おおみそか》に山《やま》へ入《はい》ると、「ミソカヨーイ」というさけび声《こえ》が聞《き》こえる。山《やま》の神《かみ》や、鬼《おに》の声《こえ》だという。
- **鎌鼬（かまいたち／岐阜県《ぎふけん》）** 高山市上宝町《たかやましかみたからちょう》の鎌鼬《かまいたち》は三人一組《さんにんひとくみ》の神《かみ》さまで、一人目《ひとりめ》が突《とつ》き倒《たお》し、二人目《ふたりめ》が刃物《はもの》で切《き》りつけ、三人目《さんにんめ》が傷薬《きずぐすり》を塗《ぬ》っていくので、あまり血《ち》が出《で》ない。
- **雪のどう（ゆきのどう／岐阜県《ぎふけん》）** 揖斐川町《いびがわちょう》の山《やま》に、女《おんな》や雪玉《ゆきだま》となってあらわれる。山小屋《やまごや》に水《みず》をくれといってくるが、水《みず》を出《だ》すと殺《ころ》されてしまうので、熱《あつ》いお茶《ちゃ》を出《だ》す。

・**天狗火**（**てんぐび**／**静岡県**《しずおかけん》） 遠州地方《えんしゅうちほう》でいう、天狗《てんぐ》が灯《とも》す火《ひ》。提灯《ちょうちん》くらいの大《おお》きさで、山《やま》から飛《と》んでくると数百《すうひゃく》にも分《わ》かれる。見《み》ると病気《びょうき》になってしまう。

・**山囃子**（**やまばやし**／**静岡県**《しずおかけん》） 浜松市天竜区《はままつしてんりゅうく》でいうあやしい音《おと》。だれもいない夜《よる》の山《やま》から、お囃子《はやし》が聞《き》こえるという。狸《たぬき》のイタズラと考《かんが》えられている。

・**一本足**（**いっぽんあし**／**愛知県**《あいちけん》） 大雪《おおゆき》の夜《よる》、設楽町《したらちょう》の山小屋《やまごや》まわりに出現《しゅつげん》。ドスンドスンという音《おと》とともに、六十《ろくじゅう》センチはありそうな片方《かたほう》だけの足跡《あしあと》を残《のこ》す。

・**片脚上ろう**（**かたあしじょうろう**／**愛知県**《あいちけん》） 新城市下吉田《しんしろししもよしだ》のハダナシあたりに出現《しゅつげん》する一本足《いっぽんあし》の美女《びじょ》の妖怪《ようかい》。猟師《りょうし》のえものをうばうなどのイタズラをする。

◎近畿《きんき》地方《ちほう》

・**カシャンボ**（**三重県**《みえけん》） 熊野地方《くまのちほう》に出現《しゅつげん》。芥子坊主《けしぼうず》（真《ま》ん中《なか》だけ毛《け》を残《のこ》したもの）の頭《あたま》をした子《こ》どもの姿《すがた》をした妖怪《ようかい》。イタズラ好《ず》き。春《はる》になると川《かわ》に入《はい》って河童《かっぱ》のなかまになる。

・**肉吸い**（**にくすい**／**三重県**《みえけん》） 熊野山中《くまのさんちゅう》に出現《しゅつげん》。十八歳《じゅうはっさい》くらいの美女《びじょ》で、出会《であ》った人間《にんげん》の肉《にく》だけを吸《す》い取《と》っていく。

・**天狗**（**てんぐ**／**滋賀県**《しがけん》） 甲賀市信楽町《こうかししがらきちょう》では、ときおり山《やま》から笛《ふえ》や太鼓《たいこ》の音《おと》が聞《き》こえるという。これは天《てん》狗《ぐ》のしわざだという。

・**五八寸**（**ごはっすん**／**滋賀県**《しがけん》） 高島市《たかしまし》でいう槌《つち》の子《こ》。太《ふと》さが五寸《ごすん》（一寸《いっすん》は約三《やくさん》センチ）、長《なが》さが八寸《はっすん》あることから、五八寸《ごはっすん》とよばれる。

・**竹切り狸**（**たけきりたぬき**／**京都府**《きょうとふ》） 亀岡市保津町《かめおかしほづちょう》の竹《たけ》やぶで、竹《たけ》を切《き》るような音《おと》を立《た》てる狸《たぬき》。音《おと》だけで、実際《じっさい》の竹《たけ》は一本《いっぽん》も切《き》られていない。

・**渡り柄杓**《ひしゃく》（**わたりびしゃく**／**京都府**《きょうとふ》） 南丹市《なんたんし》にあらわれるあやしい火《ひ》。柄杓《ひしゃく》のような形《かたち》をした青白《あおじろ》い火《ひ》がふわふわと飛《と》ぶ。

・**姥火**（**うばがび**／**大阪府《おおさかふ》**）　東大阪市《ひがしおおさかし》の枚岡神社《ひらおかじんじゃ》にあらわれたあやしい火《ひ》。神社《じんじゃ》の灯油《とうゆ》を盗《ぬす》んでいた老婆《ろうば》が、死後《しご》、火《ひ》の玉《たま》になったという。

・**槌の子蛇**（**つちのこへび**／**大阪府《おおさかふ》**）　河南町《かなんちょう》の山《やま》に出現《しゅつげん》。槌《つち》の子《こ》のなかま。昭和四十四年《しょうわよんじゅうよねん》にも目撃《もくげき》されている。

・**送り狼**（**おくりおおかみ**／**兵庫県《ひょうごけん》**）　加西市《かさいし》の山道《やまみち》に出現《しゅつげん》。人《ひと》の後《あと》をついてくる狼《おおかみ》で、おそわれずに無事《ぶじ》に家《うち》へ帰《かえ》れた人《ひと》は、はいていた草鞋《わらじ》とおにぎりを与《あた》えたという。

・**ヒダルボウ**（**兵庫県《ひょうごけん》**）　餓鬼《がき》のなかま。お腹《なか》をすかせたまま六甲山《ろっこうさん》に登《のぼ》ると、ヒダルボウに取《と》り憑《つ》かれ、動《うご》けなくなってしまう。なにか食《た》べ物《もの》を口《くち》にすれば元《もと》にもどる。

・**一本足**（**いっぽんあし**／**奈良県《ならけん》**）　吉野地方《よしのちほう》の山中《さんちゅう》に出現《しゅつげん》。猪笹王《いざさおう》という猪《いのしし》の妖怪《ようかい》が、一本足《いっぽんあし》の鬼《おに》に変身《へんしん》した話《はなし》があって、一本足《いっぽんあし》ともよばれている。

・**木の子**（**きのこ**／**奈良県《ならけん》**）　吉野地方《よしのちほう》の山中《さんちゅう》にいる妖怪《ようかい》。木《こ》の葉《は》を身《み》に着《つ》けた三歳《さんさい》くらいの子供《こども》のような姿《すがた》で、山仕事《やましごと》をする人《ひと》の昼《ひる》ごはんをねらう。

・**一本だたら**（**いっぽんだたら**／**和歌山県《わかやまけん》**）　紀伊半島《きいはんとう》の山中《さんちゅう》に、十二月二十日《じゅうにがつはつか》だけ出現《しゅつげん》する妖怪《ようかい》。その姿《すがた》は一本足《いっぽんあし》で、目《め》が皿《さら》のように大《おお》きい。

・**夜雀**（**よすずめ**／**和歌山県《わかやまけん》**）　夜道《よみち》を歩《ある》いていると、チッチッチという声《こえ》を出《だ》しながら、体中《からだじゅう》にむらがってくる。正体《しょうたい》は鳥《とり》とも蛾《が》のなかまともいわれる。

◎中国《ちゅうごく》・四国地方《しこくちほう》

・**槌転**（**つちころび**／**鳥取県《とっとりけん》**）　三朝町《みささちょう》でいうあやしい蛇《へび》。藁《わら》を打《う》つ木槌《きづち》にそっくりな形《かたち》の蛇《へび》が、足元《あしもと》にコロコロと転《ころ》がって来《き》てかみつく。槌《つち》の子《こ》のなかま。

・**呼子**（**よぶこ**／**鳥取県《とっとりけん》**）　鳥取市《とっとりし》でいう山《やま》の妖怪《ようかい》。山《やま》に向《む》かってさけんだ言葉《ことば》を、そっくりそのまま、まねて返《かえ》す。山彦《やまびこ》のこと。

- **七尋女房**（ななひろにょうぼう／島根県《しまねけん》）　海士町《あまちょう》の山《やま》にいた大《おお》きい女《おんな》の妖怪《ようかい》。山道《やまみち》を歩《ある》く人《ひと》にイタズラをくり返《かえ》し、武士《ぶし》に退治《たいじ》されてからは、巨大《きょだい》な岩《いわ》になってしまった。
- **化け猫**（ばけねこ／島根県《しまねけん》）　隠岐《おき》の島町《しまちょう》の山《やま》にすむ。日露戦争《にちろせんそう》のときに建《た》てられたロシア人《じん》の墓《はか》の近《ちか》くでは、猫《ねこ》がロシア人《じん》の幽霊《ゆうれい》に化《ば》けて、土地《とち》の人《ひと》をおどろかした。
- **一貫小僧**（いっかんこぞう／岡山県《おかやまけん》）　蒜山高原《ひるぜんこうげん》に出現《しゅつげん》。袈裟《けさ》を着《き》た小《ちい》さな坊主《ぼうず》で、登山者《とざんしゃ》の前《まえ》にお経《きょう》を唱《とな》えながらあらわれると、言葉《ことば》を一言《ひとこと》かわして消《き》えてしまう。
- **雪女**（ゆきおんな／岡山県《おかやまけん》）　美作市《みまさかし》にある後山《うしろやま》の上岻《かみたわ》という峠《とうげ》にあらわれた雪女《ゆきおんな》は、綿帽子《わたぼうし》をかぶった花嫁姿《はなよめすがた》で、目撃者《もくげきしゃ》を手《て》まねきした。
- **グインサン**（広島県《ひろしまけん》）　呉市《くれし》あたりでいう天狗《てんぐ》のこと。大《おお》きな坊主《ぼうず》の姿《すがた》であらわれ、人《ひと》をおどろかした話《はなし》がある。
- **狸**（たぬき／広島県《ひろしまけん》）　北広島町《きたひろしまちょう》にいた狸《たぬき》は、山《やま》の斜面《しゃめん》を燃《も》やすような幻《まぼろし》を見《み》せることがあった。行《い》ってみても火《ひ》がついたあとはまったくない。
- **ひもじい様**（ひもじいさま／山口県《やまぐちけん》）　屋代島《やしろじま》の源明峠《げんめいとうげ》の頂上近《ちょうじょうちか》くで、「腹《はら》がへった」と思《おも》うと、たちまちひもじい様《さま》が取《と》り憑《つ》いて、空腹《くうふく》で動《うご》けなくなる。食《た》べ物《もの》を供《そな》えるといい。
- **山みさき**（やまみさき／山口県《やまぐちけん》）　山口県東部地方《やまぐちけんとうぶちほう》の山《やま》の中《なか》にあらわれる。人《ひと》の生首《なまくび》が落《お》ち葉《ば》の上《うえ》を飛《と》びまわり、その風《かぜ》に当《あ》たった人《ひと》は高熱《こうねつ》を出《だ》す。
- **子泣き爺**（こなきじじい／徳島県《とくしまけん》）　三好市《みよしし》の山《やま》に出没《しゅつぼつ》。山《やま》の中《なか》で赤《あか》ん坊《ぼう》の声《こえ》で泣《な》いている爺《じじい》の妖怪《ようかい》。抱《だ》き上《あ》げるとどんどん重《おも》くなる。
- **野鎌**（のがま／徳島県《とくしまけん》）　鎌鼬《かまいたち》のように、気《き》がつかれないよう人《ひと》の足《あし》を切《き》りつける。墓穴《はかあな》を掘《ほ》るときに使《つか》った鎌《かま》を、そのまま墓地《ぼち》に捨《す》てると、この妖怪《ようかい》になる。
- **タゴマクリ**（香川県《かがわけん》）　さぬき市多和《したわ》の菅峠《すげとうげ》にいた妖怪《ようかい》。タゴ（肥料《ひりょう》を入《い》れる桶《おけ》）を転《ころ》がすようなザリザリザリッという音《おと》を立《た》てる。音《おと》だけで実際《じっさい》にはなにも転《ころ》がらない。

・**おまんの母**（**おまんのはは／香川県《かがわけん》**） まんのう町《まち》の山《やま》に出没《しゅつぼつ》する老婆《ろうば》の妖怪《ようかい》。山《やま》の中《なか》におまんの岩《いわ》という岩《いわ》があり、そこに「おまんの母《はは》でございます」といってあらわれる。

・**ジキトリ**（**愛媛県《えひめけん》**） 餓鬼《がき》のなかま。山道《やまみち》でこれに取《と》り憑《つ》かれると、とたんにお腹《なか》がへって動《うご》けなくなってしまう。

・**ノツゴ**（**愛媛県《えひめけん》**） 愛媛県東部地方《えひめけんとうぶちほう》に出没《しゅつぼつ》。夜道《よみち》を歩《ある》く人《ひと》の足元《あしもと》にまとわりついたり、「草履《ぞうり》をくれ」といって追《お》いかけてきたりする。赤《あか》ん坊《ぼう》の死霊《しりょう》が正体《しょうたい》という。

・**古杣**（**ふるそま／高知県《こうちけん》**） 木《き》を切《き》るときの音《おと》や、木《き》の倒《たお》れる音《おと》をひびかせて、人《ひと》をおどろかす。山仕事《やましごと》で命《いのち》を落《お》とした木《き》こりの霊《れい》が正体《しょうたい》だという。

・**山爺**（**やまじじい／高知県《こうちけん》**） 高知県《こうちけん》の山《やま》に出現《しゅつげん》する、爺《じじい》の姿《すがた》をした妖怪《ようかい》。山《やま》の獣《けもの》よりも力《ちから》が強《つよ》く、自慢《じまん》の大声《おおごえ》は木《こ》の葉《は》を震《ふる》わせ、石《いし》を動《うご》かすほど。よく人《ひと》をおそう。

◎九州《きゅうしゅう》・沖縄地方《おきなわちほう》

・**塗壁**（**ぬりかべ／福岡県《ふくおかけん》**） 遠賀郡《おんがぐん》の海岸地方《かいがんちほう》にあらわれる。夜道《よみち》にとつぜん見《み》えない壁《かべ》をあらわして、通行人《つうこうにん》を通《とお》せんぼする。棒《ぼう》で下《した》の方《ほう》をはらえば消《き》えてしまう。

・**山おらび**（**やまおらび／福岡県《ふくおかけん》**） 八女市星野村《やめしほしのむら》でいう妖怪《ようかい》。山《やま》で「ヤイヤイ」というと、山《やま》オラビも「ヤイヤイ」とさけび返《かえ》し、人《ひと》をさけび殺《ころ》す。おらぶはさけぶという意味《いみ》。

・**鬼**（**おに／佐賀県《さがけん》**） 鳥栖市立石町《とすしたていしまち》の石谷山《いしたにやま》に昔《むかし》あらわれた。鬼《おに》が村人《むらびと》と力比《ちからくら》べをしたことがあり、そのときに鬼《おに》が爪跡《つめあと》をつけた大《おお》きな石《いし》が、今《いま》も山《やま》の中《なか》に残《のこ》っている。

・**野狐**（**やこ／佐賀県《さがけん》**） 九州地方《きゅうしゅうちほう》でいう化《ば》け狐《きつね》のこと。幻《まぼろし》を見《み》せて人《ひと》をだましたり、火《ひ》の玉《たま》を灯《とも》したりする。ときには人《ひと》に取《と》り憑《つ》いて病気《びょうき》にする。

・**塗り坊**（**ぬりぼう／長崎県《ながさきけん》**） 壱岐島《いきのしま》の山道《やまみち》にあらわれる。山側《やまがわ》からえたいのしれないものがつき出《で》てくるという。通行《つうこう》の邪魔《じゃま》をする妖怪《ようかい》と思《おも》われる。

・**山おろ**（**やまおろ／長崎県《ながさきけん》**）　五島市《ごとうし》の山中《さんちゅう》に出現《しゅつげん》。九州地方《きゅうしゅうちほう》に多《おお》い山童《やまわろ》のなかま。山《やま》の中《なか》で木《き》を切《き》る音《おと》を立《た》てて人《ひと》をびっくりさせるなど、イタズラが大好《だいす》き。

・**油ずまし**（**あぶらずまし／熊本県《くまもとけん》**）　天草市《あまくさし》の草隅越《くさずみごえ》という峠道《とうげみち》にあらわれる。峠《とうげ》で「昔《むかし》ここにこんな化《ば》け物《もの》がいた」という話《はなし》をすると、「今《いま》もいるぞ」といって出《で》てくる。

・**山童**（**やまわろ／熊本県《くまもとけん》**）　人間《にんげん》の子《こ》どもくらいの大《おお》きさなのに力持《ちからも》ちで、食《た》べ物《もの》をあげると山仕事《やましごと》を手伝《てつだ》う。イタズラが大好《だいす》き。春《はる》に川《かわ》へ入《はい》って河童《かっぱ》になる性質《せいしつ》がある。

・**セコ**（**大分県《おおいたけん》**）　大分県《おおいたけん》でいう山童《やまわろ》のこと。目《め》が一《ひと》つしかないともいわれる。山《やま》の中《なか》で変《へん》な声《こえ》や物音《ものおと》をたてて、気味悪《きみわる》がらせる。移動《いどう》するときは「ホイホイ」という声《こえ》を出《だ》す。

・**山姫**（**やまひめ／大分県《おおいたけん》**）　黒岳《くろだけ》に出現《しゅつげん》した山姫《やまひめ》はとてつもない美人《びじん》で、うっかり声《こえ》をかけてくる男《おとこ》がいると、長《なが》いベロを出《だ》して血《ち》を吸《す》ってしまう。

・**ヤンボシ**（**宮崎県《みやざきけん》**）　夜《よる》の山道《やまみち》に、ボウッとした大《おお》きな人影《ひとかげ》をあらわす。僧《そう》が首《くび》つり自殺《じさつ》をしたところによく出没《しゅつぼつ》する。

・**霧女**（**きりおんな／宮崎県《みやざきけん》**）　霧島山《きりしまやま》に出現《しゅつげん》した妖怪《ようかい》。色白《いろじろ》の美人《びじん》だが、山道《やまみち》に男《おとこ》が一人《ひとり》でいるとあらわれ、男《おとこ》が近《ちか》づこうとすると霧《きり》のように消《き》えてしまう。

・**一反木綿**（**いったんもめん／鹿児島県《かごしまけん》**）　肝付町《きもつきちょう》の権現山《ごんげんやま》のふもとに出現《しゅつげん》。長《なが》くて白《しろ》い布《ぬの》のような姿《すがた》で、夕方《ゆうがた》おそくまで遊《あそ》んでいる子《こ》どもを連《つ》れさっていく。

・**ワロドン**（**鹿児島県《かごしまけん》**）　鹿屋市《かのやし》でいう山童《やまわろ》のこと。体《からだ》の大《おお》きさを自由《じゆう》に変《か》えられるようで、馬《うま》の足跡《あしあと》にできた水《みず》たまりに千匹《せんびき》もかくれすむことができる。

・**アカマタ**（**沖縄県《おきなわけん》**）　山原地方《やんばるちほう》でいう蛇《へび》の一種《いっしゅ》。美男《びなん》に化《ば》けてよく女《おんな》の人《ひと》をだまし、ひどい場合《ばあい》は命《いのち》をうばう。

・**ヒチマジムン**（**沖縄県《おきなわけん》**）　道《みち》の辻《つじ》にいるもので、夜道《よみち》を歩《ある》く人《ひと》を道《みち》に迷《まよ》わせたり、赤飯《せきはん》と白飯《しろめし》とを選《えら》ばせて食《た》べさせたりする。赤飯《せきはん》は赤土《あかつち》、白飯《しろめし》は海岸《かいがん》の波《なみ》の飛沫《しぶき》なのだという。

村上健司（むらかみ　けんじ）

1968年、東京生まれ。全国の妖怪伝説地を訪ね歩くライター。世界妖怪協会、お化けの友会員。古典遊戯研究会紙舞会員。著書、編著書は、『妖怪事典』（毎日新聞社）、『怪しくゆかいな妖怪穴』（毎日新聞社）、『怪しくゆかいな妖怪穴2　妖怪百貨店別館』（毎日新聞社）、『日本妖怪散歩』（角川書店）、『日本妖怪大事典』（角川書店）、『妖怪探検図鑑』シリーズ全二巻（あかね書房）、『10分、おばけどき』シリーズ全三巻（あかね書房）など多数。

山口まさよし

長崎県生まれ。こどもの本を中心に物語挿絵の他、生き物・自然をテーマにイラストを制作している。おもな作品に「はっけんずかん どうぶつ」「はっけんずかん きょうりゅう」（学研）、「The Gift～女神の花アプロディア」（全日出版）、「ドン・ロドリゴの幸運」「はるかなる絆のバトン」（汐文社）、「おちばのプール」（子どもの未来社）などがある。日本児童出版美術家連盟会員。

もしものときの妖怪たいさくマニュアル
山にあらわれる妖怪

発行　2018年10月　初版第1刷発行

著　者　村上健司
絵　山口まさよし
発行者　小安宏幸
発行所　株式会社汐文社
東京都千代田区富士見1-6-1　〒102-0071
電話：03-6862-5200　FAX：03-6862-5202
URL：http://www.choubunsha.com
制　作　株式会社明昌堂
印　刷　新星社西川印刷株式会社
製　本　東京美術紙工協業組合

ISBN978-4-8113-2522-4　NDC387